JN055786

厚生労働省ガイドラインに基づく

騒音障害防止のために

管理者教育用テキスト

中央労働災害防止協会

はじめに

騒音性難聴は、一度罹患（りかん）してしまうと聴力の回復が困難である。これまで騒音障害防止対策については、平成４年に公表された「騒音障害防止のためのガイドライン」をもとに推進してきたところであるが、30年を経た現在もなお「騒音による耳の疾病」の労災新規認定者数は後を絶たない。

令和５年４月にガイドラインの改訂が行われ、より一層現場に即した対策を盛り込む形で通達された。新たなガイドラインでは、騒音障害防止対策の管理者の選任、個人ばく露測定など新しい測定方法の追加、聴覚保護具の選定基準の明示、騒音健康診断の検査項目の見直しなどが盛り込まれている。特に、騒音作業環境の把握とばく露防止措置、聴覚保護具の使用管理を組織的に進めるための管理者の役割は一層重要となっている。

本書は、職場の騒音障害防止対策の管理者向けの教育として、当該ガイドラインで示されているカリキュラムに則した内容をまとめている。

騒音の基礎知識、騒音障害防止対策、聴覚保護具の使用と管理などについて理解を深めていただく一助となれば幸いである。

令和５年９月

中央労働災害防止協会

目　次

学科講習科目について

騒音障害防止対策の管理者に対する労働衛生教育

科　目	範　囲	時 間	教育内容の例	本書対応箇所
1 騒音の人体に及ぼす影響	(1) 影響の種類 (2) 聴力障害	30 分	・反射、吸収、距離減衰など音の特性 ・生活や職場での騒音レベルとハイリスク作業の把握 ・さまざまな聴力障害と騒音性難聴の特徴 ・聴力低下の初期症状 ・聴力低下者に対するばく露抑制の必要性	第 1 章
2 適正な作業環境の確保と維持管理	(1) 騒音の測定と作業環境の評価 (2) 騒音発生源対策 (3) 騒音伝ぱ経路対策 (4) 改善事例	80 分	・等価騒音レベルの考え方 ・作業環境測定 / 個人ばく露測定の実務（実習） ・屋外での騒音レベルの推計 ・騒音レベルの評価 ・低騒音の機械工具、設備 ・各種工学的対策 ・改善事例	第 2 章
3 聴覚保護具の使用及び作業方法の改善	(1) 聴覚保護具の種類及び性能 (2) 聴覚保護具の使用方法及び管理方法 (3) 作業方法の改善	40 分	・聴覚保護具の種類ごとの特性と JIS に基づく遮音値 ・作業に応じた聴覚保護具の選択の留意点 ・聴覚保護具の正しい装着方法に関する指導（実習） ・聴覚保護具のフィットテスト ・聴覚保護具の維持管理と交換時期 ・作業方法による騒音ばく露の違い ・作業時間の制限	第 3 章
4 関係法令等	騒音作業に係る労働衛生関係法令及び本ガイドライン	30 分	・労働安全衛生規則に規定する措置義務 ・ガイドラインの主要事項	第 4 章
		(計 3 時間)		

注）教育内容の例は参考である。
（「騒音障害防止対策のためのガイドライン」令和 5 年 4 月 20 日付け基発 0420 第 2 号に一部加筆）

第1章

騒音の人体に及ぼす影響

学習のポイント

騒音作業における人体に及ぼす影響とその種類について学ぶ。また、聴力障害と騒音性難聴の特徴を知り、聴力低下の初期症状やばく露抑制の必要性について学習する。

1 はじめに

大きな音を聞いた直後に、聞こえが悪くなったり、耳鳴りがしたりする経験がある人は多いだろう。多くは、しばらく時間が経てば消失する。しかし、長期間にわたり騒音にばく露していると、聴力の低下が進行し、元に戻らなくなる。これを「騒音性難聴」と呼ぶ。騒音性難聴は、必ずしも職場で発する騒音にばく露したことだけが原因とは限らない。日常生活の中でも大きな音を聞いている場合には、騒音性難聴を引き起こすこともあるので注意が必要である。

騒音性難聴になると、人とコミュニケーションを取ることに支障が出るため、生活の質（QOL）の低下を招くこともある。騒音性難聴の予防と進行防止は騒音ばく露防止によって初めて可能となる。

本章では、人間の聴覚と音の聞こえ方、騒音の発生と伝わり方、生活や職場での騒音レベルとハイリスク作業の把握、さまざまな聴力障害と騒音性難聴の特徴、聴力低下者に対するばく露抑制の必要性などについて述べる。

2 人間の聴覚と音の聞こえ方

板を金槌で叩いたり、大太鼓をばちで叩いたりすることを想像すると分かるが、板膜が振動し、その振動が、それらに接する空気を振動させ、音になる(図1-1)。つまり、音源の振動が近接する空気を振動させて、空気の振動として伝わっていく。その空気の振動を音と呼ぶ。音は空気中を音速約340 m/sで伝わり、人間の外耳道→鼓膜→中耳→内耳と伝わっていき、内耳の中で神経の信号となって脳に伝わる。ここで音が聞こえたと感じることができる。

（1） 音の強さ

音の大きさは、音圧（空気の圧力で単位はパスカル（Pa））のことであるが、人間が聞きとれる音の大きさは、図1-2のように広範囲にわたり、音圧の対数目盛の感覚に近い。そのため、音の大きさを、基準となる音圧との比の常用対数をとり音圧レベル（単位はデシベル（dB））で表すこととされている。

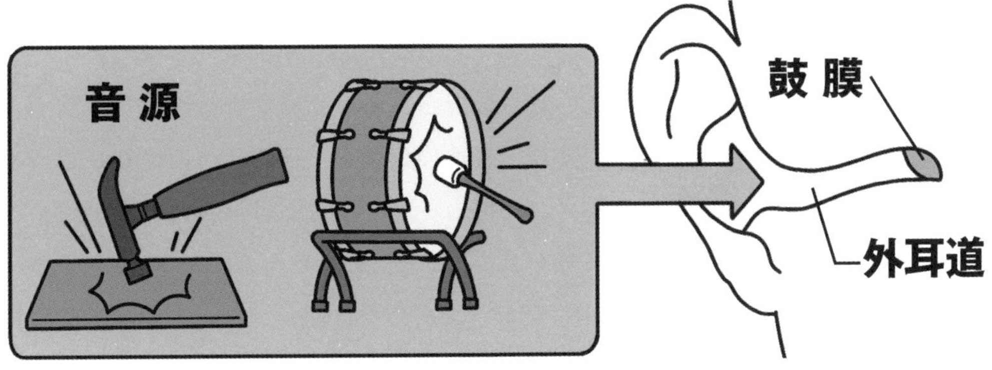

▶図1-1　音の発生と鼓膜までの道のり
（音は空気の振動であり、空気中を伝わり、鼓膜を振動させる。）
参考：「作業環境における騒音の管理」中央労働災害防止協会、1984 をもとに作成

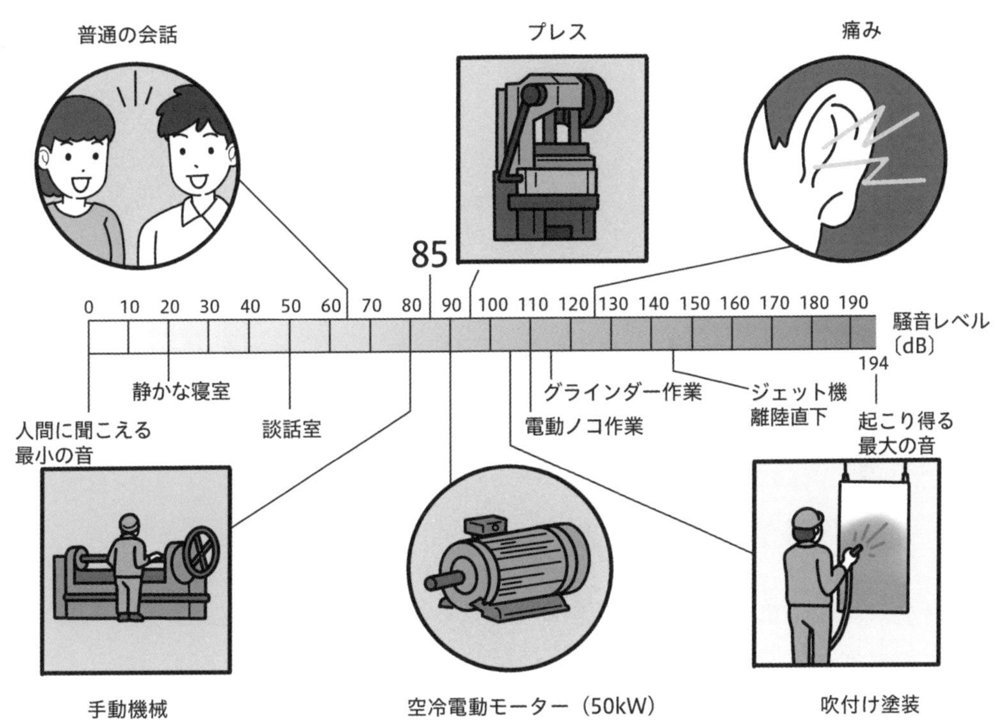

▶図1-2　さまざまな音源の騒音レベル
出典：「イラストで見る よくわかる騒音 騒音防止の原理と対策」、中央労働災害防止協会、2020 をもとに作成

（2）音の周波数

音とは、大きさのほか高い音/低い音の区別があるが、高い音は周波数が高く、低い音は周波数が低い。「周波数」とは、音波の振動が1秒間に何回繰り返されるかを表すもので、単位はHz（ヘルツ）を用いる。可聴音とは、人間の耳が聞くことのできる約20～20,000 Hzの範囲の周波数の音波であるが、個々人の可聴音は、音の強さ、年齢、聴力などによって個人差がある。超音波は、可聴音より高くて耳に聞こえない音波である。超低周波音は、可聴音より低くて耳に聞こえない音波である。「低周波音」という場合は、約100 Hz以下の音波である（図1-3）。

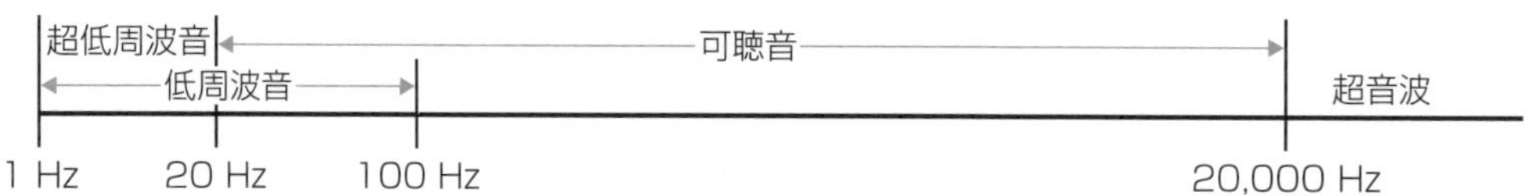

▶図1-3　音の周波数範囲

（3）音の周波数成分

「純音」は、1つの周波数成分しか持たない音のことである。例えばNHKの時報440 Hz、880 Hzなどである。日常生活の音や騒音は、通常多くの周波数成分を含んでいる。その周波数成分によって、音の音色が決まり、波形も変わる。例えば、人間の声は、主に100～4,000 Hzの範囲の周波数成分を含んでいる。

（4）音の周波数と聞こえ方

正常な人間の聴覚では、1,000 Hzよりも低い周波数では、周波数が低くなるほど聞こえの感度が悪くなる。

一方、最も鋭敏に聞こえる周波数は、2,000～4,000 Hzである。

3　音の発生とその種類

音は、その発生の仕方により、大きく分類すると、「物体の振動による音」、「気体が高速で噴出するとき等に発生する音」、そして、「衝撃音」に分けられる。

（1）物体の振動による音

物体の振動が、その物体に接する空気を振動させ、音を発生させる。

エンジン等の回転機械であれば、発生する振動が床や壁などに伝わり、接する空気を振動させて音になる（固体伝ぱ音）。建物のどこに伝ぱして音になるかは複雑で、制御が困難である。そのため、「物体の振動による音」に対する騒音対策は、これらの振動源が発する振動を遮断する対策が主になる。

（2）気体が高速で噴出するとき等に発生する音

前記の音源の振動と異なり、空気力学的原因によるもので、身近なものではスプレー缶から発生する音などがそうである。気体の流れの中に発生する渦によって音が発生する。

（3）衝撃音

動力プレス、鋲（びょう）打ち機、はつり機、コンクリートブレーカーなどの物体の衝突に起因する音、また、体積の急激な変化による騒音の放射（爆発等）のような衝撃音がある。

4 音の伝わり方

（1）反射

音は、直接耳に到達する以外に、壁・床・天井など反射して耳に到達する。後述の距離減衰のように、音源から離れると騒音レベルが小さくなる性質があるが、壁などからの反射があると騒音レベルはそれほど小さくならない。

（2）干渉

２つ以上の波が重ね合わさって、ある場所では常に強め合い、また、別の場所では常に弱め合う現象を波の「干渉」という。反射音と強め合って、屋内作業場の中で騒音レベルが強くなる場所が出てくる場合がある。

（3）回折

音は物体の端から入り込み、物体の裏側へも伝わっていく。このような現象を「回折」という。ついたてがあっても回折によって、その裏側にも音が伝わる性質がある（図1-4）。

▶図1-4　音の回折

（4）吸収

吸音は、グラスウールなどの吸音材にある多数の隙間に音が入り込んで、音のエネルギーを熱に変換し音の反射を防止する。

（5）音の距離減衰

音源から離れるにしたがって、音の強さ（音圧レベル）は小さくなる。点音源の場合、音を反射する物体がない広い空間（このような空間を「自由音場（おんじょう）」という）の中では、音は球面状に伝ぱし、エネルギーが球面全体に配分されることになるから、単位面積当たりの音のエネルギーは、距離の２乗に反比例して小さくなる。これを逆２乗則という。距離が２倍になると単位面積当たりの音のエネルギーは４分の１になる。対数表示であるデシベルで表すと 6 dB 小さくなる。例えば、音源から２m離れたところでの音圧レベルが 90 dB の場合、４m離れた場所で測定すると、距離が２倍になったので、90 − 6 = 84 dB となる。前述のように、反射があると減衰量が少なくなる（図1-5）。

5　生活や職場での騒音レベルとハイリスク作業の把握

人間が聞くことができる強さの音は、個人差はあるが、0 dB 程度から、100 dB 程度までである。もちろん 70 ～ 80 dB あたりからうるさく感じ始め、100 dB になると耳をふさがなくては耐えられないようになる。騒音レベルの目安としては、家庭のリビ

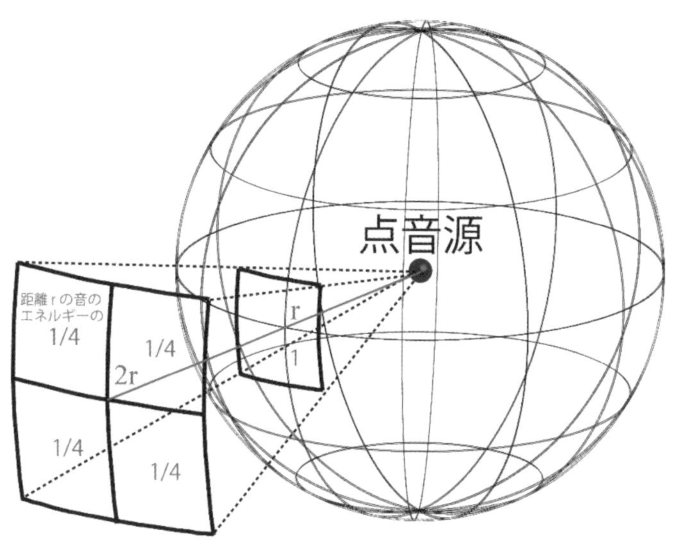

▶図1-5　逆2乗則：距離が2倍（r から 2r）になると6dB 減衰する

出典：井上仁郎.「騒音職場の作業環境測定・評価と対策（1）」、作業環境、2016

ングルームで 40 dB 程度、事務所 60 ～ 70 dB、吹き付け塗装 80 ～ 110 dB、プレス機 90 ～ 110 dB 程度である。

人間の聴覚に生理的に影響を及ぼすとされる管理上の基準として、職域では 85 dB が用いられている。これ以上の騒音を聴覚保護具なしで長期間ばく露すると騒音性難聴になる可能性が高くなることを意味する。大きい音になればなるほど（dB 値が大きくなるほど）、騒音性難聴のリスクが高まる。

その作業場での等価騒音レベル（第２章参照）が 85 dB 以上になる可能性が大きい機器については、「騒音障害防止のためのガイドライン」の別表第１、別表第２（P.83 ～ 85 参照）に具体的に掲げられているので、職場で該当する機器が使用されている場合は、注意が必要である。また、多くの手持ち工具では、騒音の発生する部分と作業者の耳との距離が短く、作業中に工具と耳がさらに近づいた場合、騒音性難聴のリスクがより高まる。

日常生活の中での注意点は、ポータブル音楽プレーヤーのイヤホンやヘッドホンからの音は、音量を上げて聞いた場合 90 dB を超えてしまうので適切な音量に設定することが望ましい。また、90 dB を超える効果音や音楽が測定されるライブ会場や遊戯施設等もあるので注意が必要である。騒音職場でのばく露に加えて、日常生活の中でもばく露があると、騒音性難聴の進行が早まる可能性が出てくる。

6 聴力障害と騒音性難聴

（1）騒音の影響

勉強中や集中して作業している最中に、外部の音が考えごとの邪魔になることがある。こういうときに一般的な意味で使われる騒音という言葉は、「不快なまたは望ましくない音。その他の妨害」という意味である。こうした音がストレスになり、勉強や仕事の効率が低下することもあるが、心理的に不快と感じる程度の大きさの音であることが多い。

一方、工場や建設工事現場などで発生する騒音は、聴覚に生理的な影響を及ぼすほど大きい音である場合もあり、騒音は、放射線障害の原因となる放射線、熱中症の原因となる高温、高気圧障害の原因となる異常気圧などと同様に、労働者の健康障害を防止するための措置を事業者に義務付ける有害要因（エネルギー）の1つとされている（安衛法第22条第2号）。さらに、安衛則においては、騒音を発する有害な作業場において、作業方法や機械の改善等を講ずるよう定めるとともに、等価騒音レベルが85 dB以上となる「著しい騒音を発する屋内作業場」に対する等価騒音レベルの測定や、等価騒音レベルが90 dB以上となる場所における騒音防止用の保護具の備え付けを義務付け（ガイドラインでは保護具の使用は85 dB以上）ているなど、騒音は騒音性難聴を防止するために抑制すべきものとされている。

それでは、騒音性難聴は、どのようにして起こるのだろうか。大きな音にばく露すると、心理的影響に加えて、自律神経や内分泌系を介して生理機能への影響が生じ、中枢神経の興奮や心血管系への負荷の増大、エネルギー消費の増大などを生ずる。さらに大きな音は難聴の原因となる。

音は、外耳道を経由して鼓膜を振動させ、その振動エネルギーが中耳にある小さな骨（耳小骨）を介して内耳にある蝸牛（かぎゅう）に伝えられる。蝸牛には音を感じるための有毛細胞があり、振動を電気的エネルギーに変換して神経に伝える役割があるが、音振動が大きすぎると有毛細胞が損傷し機能しなくなってしまう。その損傷は、音がなくなっても元には戻らず聴力の回復は見込めなくなる（写真1-1）。

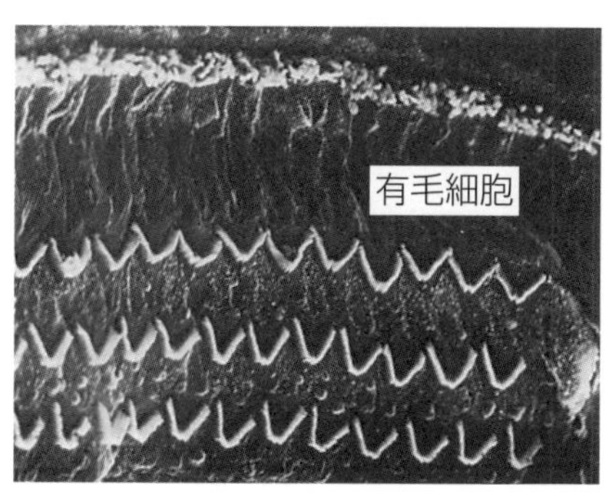

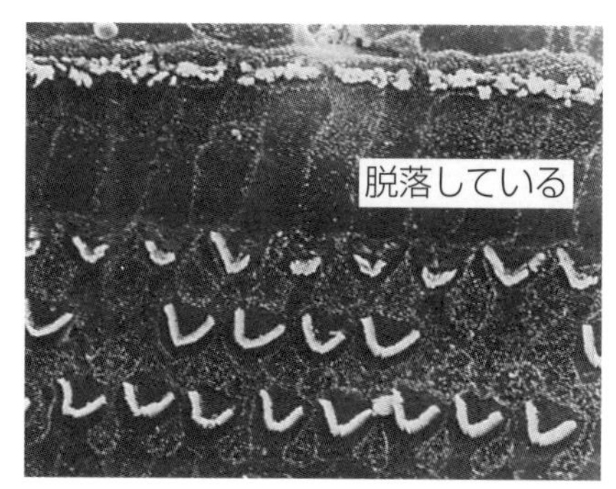

▶写真 1-1　内耳の有毛細胞の著しい損傷（左：正常有毛細胞、右：騒音ばく露によって損傷を受けた有毛細胞）

出典：「イラストで見る よくわかる騒音 騒音防止の原理と対策」、中央労働災害防止協会、2020

（2）騒音性難聴のリスク

騒音性難聴のリスクは、騒音の音圧レベルが高ければ高いほど、ばく露時間が長ければ長いほど、高くなる。また、対象としている騒音の特性によっても、リスクが異なる。

等価騒音レベル 85 dB を許容基準と定める考え方は、日本を含め世界的にも主流となっており、職業性ばく露を管理する観点からは定着しているといえるが、85 dB までは騒音性難聴になるおそれがないと考えるのは早計である。等価騒音レベルが 80 dB 未満であれば、騒音性難聴に至る可能性は低いとされ、WHO（世界保健機関）が提唱する公衆ばく露の基準に採用されている。80 dB 以上 85 dB 未満の場合にどのようにすべきか、聴覚に対する影響のデータが十分でないため断定できないが、EU（欧州連合）では、European Directive 2003/10/EC がばく露限界値 85 dB、ばく露介入値 80 dB としていることなどを踏まえると、85 dB 未満であっても可能な限り騒音レベルの低減に努めることは必要と考えられる。

騒音は、必ずしも連続的な音だけでなく断続音、衝撃音なども含まれ、断続音や衝撃音では、ばく露回数が多いほど、騒音性難聴のリスクが高くなる。衝撃音は、ハンマーで金属を叩くなど硬い物同士の衝突や、銃火器の発射音のようなガスの突発的な圧力変化により生ずるごく短い時間の極めて大きい音であり、等価騒音レベルのみで評価すると騒音性難聴のリスクを過小評価するおそれがある。衝撃音はピーク状の波形となるため測定が困難であるが、聴覚保護具を適正に使用すれば、騒音性難聴のリスクを低くすることができる。

表 1-1 に、騒音の特徴と、騒音性難聴のリスクとの関係を示す。

▶表 1-1　騒音の特徴と騒音性難聴のリスクとの関係

(1)	騒音レベルが大きくなるほどリスクが高い
(2)	ばく露時間が長くなるほどリスクが高い
(3)	可聴周波数では、低周波数音より高周波数音の方がリスクが高い
(4)	断続音や衝撃音では、ばく露回数が多いほどリスクが高い

「騒音性難聴」と「急性音響外傷」

音響による聴覚障害としては、騒音性難聴が広く知られているが、これ以外にも急性音響外傷がある。急性音響外傷は、爆発などのような短時間に発生する激烈な強大音や、持続的な強大音によって内耳が一挙に外傷的損傷を受けて発症する急性感音難聴のことをいう。

一方、騒音性難聴は、急性音響外傷を発症するほど強大ではない騒音に、慢性的にばく露されて、内耳にある蝸牛（かぎゅう）の有毛細胞が損傷することにより緩やかに発症する感音難聴をいう。

急性音響外傷や騒音性難聴では、傷害された有毛細胞を修復する有効な治療法がないため、一度生じた難聴は恒久的であり、予防対策が重要となる。特に、騒音性難聴は、4,000 Hz 付近の高周波数領域での聴力障害から始まるため、会話領域での聴力障害に進行するまで難聴に気が付かず、気付いた時点では、予防対策が間に合わないこともある。

音響による聴覚障害という点では同じではあるが、労働災害では、急性音響外傷は、負傷として取り扱い、騒音性難聴は、医師の診断により決定される疾病として取り扱う。

（3）騒音性難聴の特徴

騒音性難聴は、図 1-6 に示すようなオージオグラム上の時間的変化が起こる。なお、以下の文章のカッコ内数字は図 1-6 と対応している。

オージオグラムとは、聴力測定の結果を示すグラフである。横軸は、検査周波数を表し、縦軸は検査周波数に対応する聴力レベルを表す。図下方の聴力レベル数値が大きくなるほど、聴力低下が大きいことを示している。

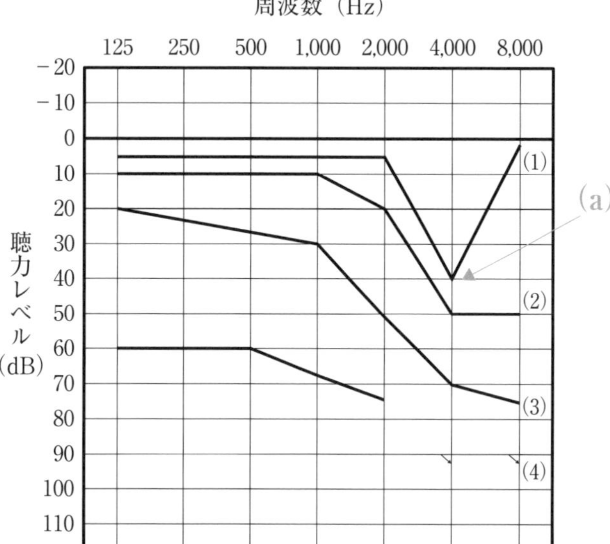

▶図1-6　騒音性難聴の進展様式

出典：日本聴覚医学会編「聴覚検査の実際　第４版」P.21 図Ⅰ-２-15 南山堂、2017 より引用し、一部改変

（1）初期は、4,000 Hz 付近の聴力低下から発症するため、4,000 Hz を中心に、V 字状の dip（くぼみ）が見られる（図中（a））。この dip は、音叉を使用して聴力検査を行っていた時代の名残で、音程の表記である c^5 を使って、c^5dip（シーファイブディップ）と呼ばれる。一般に聴力検査で行われる測定周波数が 125、250、500、1,000、2,000、4,000、8,000 Hz であるため、dip が 4,000 Hz のところで特徴的に表れるとされている。この時点では、日常会話をするのに大きな支障はなく、本人が難聴を訴えることはあまりないが、確かに一部聴こえない音はあり、「佐藤」と「加藤」の聞き違い、電子体温計のビープ音が聞き取れないといった状況が起こり得る。

なお、dip の位置は必ずしも 4,000 Hz ではなく、初期には、6,000 Hz を測定して初めて、聴力低下が判明する人もいるため、注意が必要である。左右の聴力低下の差異は初期の頃には見られるが、進行するにつれて両側性となる。耳鳴りの訴えもみられる。

（2）騒音下の就労が長期に及ぶにつれて、聴力低下は dip よりも高い周波数域へ進行していき、dip がはっきりとは見えなくなる。

（3）～（4）さらに進行すると、低周波数側へ聴力損失が進み、徐々に平坦なグラフを示すようになる。難聴の自覚は、500 Hz ～ 2,000 Hz の会話域に難聴が及んで、会話に障害が生じた時に出現する。ばく露条件にもよるが耳鳴りの訴えも多く発生する。

（4）騒音性難聴の推移と加齢の影響

騒音職場で働く労働者の聴力変化はさまざまだが、例として、図 1-7 に示す。

一般に、騒音性難聴は就業して 5 年から 15 年の間に高音域から比較的急激に悪化し、その後の進行は緩やかになるとされている。ただし、騒音レベルが大きいと、会話音域（500 ～ 2,000 Hz）にも聴力低下が生じ、より悪化することがある。長期間を経て、加齢による聴力低下が相加され日常生活に支障を来す難聴のレベルにまで進行するおそれがある。

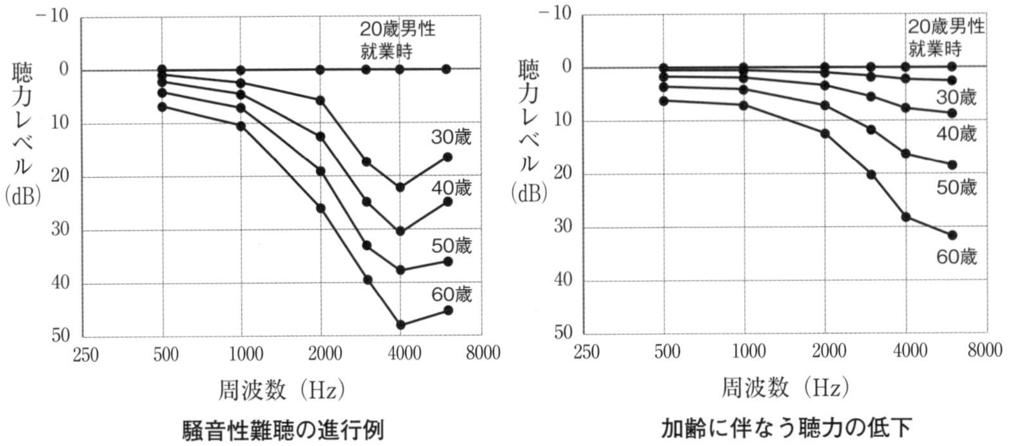

▶図1-7　騒音ばく露による聴力低下（ISO 1999 より作図）
20 歳から、95 dB（A）の騒音に 1 日 8 時間、10 ～ 40 年ばく露された男性の場合の聴力予測値（中央値）（左）。加齢による聴力低下は、ISO 1999 の Data base A を使用している（右）。

（5）騒音以外の要因による難聴

騒音以外の要因として、作業環境の圧力変化（高気圧作業や航空機乗務など）による耳疾患、一部の医薬品の副作用や重金属その他の化学物質の中毒に伴う難聴もあることを承知しておく必要がある。騒音性難聴の診断や治療を受けるに当たり、これら他に考えられる要因がある場合は、申し出るようにする。

（6）聴力低下者に対するばく露抑制の必要性

就職したばかりの若い健聴者である労働者は、最初に騒音職場に足を踏み入れた時に、「やかましい」「うるさい」と感じるはずである。聴覚保護具を適切に着用していないと、いつの間にかうるさく感じなくなる。このことを「騒音に慣れた」というのは危険である。聴力低下がすでに始まっていて、「うるささ」を感じなくなっているのかもしれない。「うるささ」を感じなくなっても、騒音ばく露による健康影響を受けないわけではない。騒音に対する「慣れ」により聴覚保護具の着用がおろそかになりがちとなるため、知らない間に騒音性難聴が進行することになる。

騒音による聴力低下は、騒音ばく露が続いている間は進行するおそれがあるが、騒音ばく露がなくなれば、その後は（加齢等による聴力低下を別として）騒音性難聴の進行は止まる。

定年延長等により離職時までの就業年数が増加すると騒音ばく露の期間が増加し、結果的に騒音性難聴の進行がさらに進むことが予想される。一方、再雇用により業種が変更されると、見かけ上はその業種での就業年数が短くても、騒音ばく露の期間は長いことがある。例えば、製造業における技能職が指導職などに配置替えされることもあり、これらが別業種の関連会社への再就職の形で行われると、見かけ上の就業年数は再就職後の期間となり、騒音性難聴の業種別件数などにも影響を及ぼすこととなる。実際には、加齢による聴力損失も加わることになるために、離職時に大きな聴力損失となってしまい、ますます離職後の生活の質（QOL）の低下が予想される（図1-8）。

すでに騒音性難聴となっていても難聴の進行を抑えることで、QOLの低下を防ぐことができる。健聴者と同じく、聴覚保護具を着用することにより騒音のばく露を減らすことである。現在の聴力を維持できるように今まで以上のリスク管理が要求される。

○同僚や家族とのコミュニケーションがうまく行かない

周囲に騒音があるとよく聞き取れない
早口でしゃべられるとよく理解できない
子供の声や子音が聞き取りにくい

→ **会話の輪に入れずに孤立する場合がある**

○テレビやラジオを楽しめない

まわりの人がしゃべっていると、普通の音量では聞き取れない
テレビの音量が大きすぎるとよくいわれる

→ **結果的に一人でテレビを観ることになり、家族と一緒に過ごす時間が減る**

○生活上必要な信号情報をキャッチできない

ドアのチャイム、電話の着信音、お湯の沸騰する音など

→ **危険回避能力が低下する**

○耳鳴り　イライラして落ち着かない、気になって眠れない

→ **ストレスによって、うつ症状を呈する場合がある**

▶図1-8　生活の質（QOL）の低下の例

（7）労働衛生管理における騒音健康診断の役割

騒音作業に常時従事する労働者に対しては、騒音健康診断を実施することとされている。ガイドラインに基づき騒音ばく露防止対策を講じているにもかかわらず、騒音健康診断を実施する必要があるのはなぜだろうか。それは、作業環境測定等により労働者の騒音ばく露を全て把握しきれるわけではないこと、聴力低下の要因は職場の騒音以外にも多く存在するからである。特に次のような点に留意する必要がある。

・機器から発生する騒音レベルは常に一定ではない。また、作業により音源に近づくこともあるため、作業環境測定時の騒音レベルよりも大きな騒音にばく露することがある。

・聴覚保護具の装着が不完全なために、想定よりも大きな騒音にばく露することがある。

・聴力に影響を及ぼす医薬品の摂取や化学物質のばく露による聴力低下が起こることがある。

・日常生活においても、ヘッドホンによる音楽鑑賞や大音量で音楽や音響効果音を発する場所での娯楽などにより､騒音にばく露することがある。

・健康状態（病気・ストレス等）により聴力低下が起こることがある。

騒音レベルの低減措置を講じたり、聴覚保護具を使用したりと騒音ばく露防止を徹底したつもりでも、漏れがあるまま放置すると騒音性難聴を発症してしまうおそれがある。定期的な騒音健康診断により、異常所見を早期に発見することができれば、措置の徹底や見直しに反映させることにより、深刻な聴力低下が起こる前に対応することができる。特に、令和５年の聴力検査項目の見直しにより、異常所見の早期発見がしやすくなった。

騒音作業を有する事業場にとっては、騒音健康診断による聴力検査結果を分析することによって、必要な職場の騒音対策を実施することができる。例えば、特定の作業を行う労働者だけが聴力低下を引き起こした場合は、工具や作業工程の変更等があったかどうかを疑うなど、騒音対策に有用なデータを得ることができる。

第2章

適正な作業環境の確保と維持管理

学習のポイント

騒音の作業環境測定の方法、個人ばく露測定、また屋外での騒音レベルの推計について学習し、騒音レベルの評価について学ぶ。騒音の発生源の対策と騒音伝ぱ経路対策を学習し、職場で役立つ改善事例を紹介する。

1　騒音レベルの測定と評価

（1）等価騒音レベルの考え方

等価騒音レベルは、ある時間 T（$t_1 \sim t_2$）について、変動する騒音の騒音レベルをエネルギー的な平均値として表した量で、次の式による（JIS Z 8731:2019）。

等価騒音レベルは、デシベル（dB）で表す。

$$L_{\mathrm{Aeq},\ T} = 10\log_{10}\left[\frac{1}{t_2 - t_1}\int_{t_1}^{t_2}\frac{P_{\mathrm{A}}^2(t)}{P_0^2}dt\right]$$

$P_{\mathrm{A}}(t)$：A 特性音圧の瞬時値（Pa）

P_0：基準の音圧（20μPa）

等価騒音レベルの物理的意味は、図 2-1 に示すように、時間とともに変動する騒音（$L_{\mathrm{A}}(t)$）がある場合、そのレベルを、ある時間（$T = t_2 - t_1$）の範囲内でこれと等しいエネルギーを持つ定常騒音の騒音レベルで表現するということである。

T は、手持動力工具を作動させている時間、休憩などの実効休止時間を除いた全ての作業時間などを取り得るが、騒音性難聴を防止する観点からは、1 日（8 時間）とした場合の等価騒音レベル、すなわち、1 日騒音ばく露量が重要である。

等価騒音レベルは、変動騒音に対する人間の生理・心理的反応とよく対応することが多くの研究で明らかにされており、一般環境や作業環境における騒音の大きさを表す代表値として、広く用いられている。

等価騒音レベルは、平成 4 年の労働安全衛生規則（昭和 47 年労働省令第 32 号。

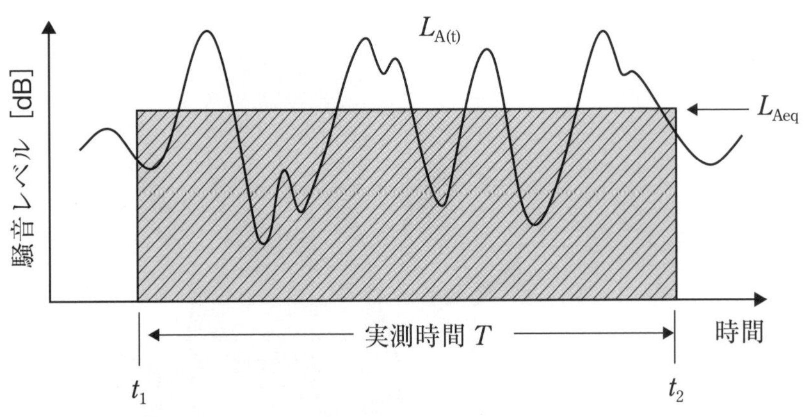

▶図2-1　等価騒音レベルの意味

以下「安衛則」という。）の改正により導入された考え方であり、安衛則第590条第1項において、「著しい騒音を発する屋内作業場について、6月以内ごとに1回、定期に、等価騒音レベルを測定しなければならない。」とされており、作業環境測定基準（昭和51年労働省告示第46号）第4条にその測定方法が定められている。このように、有害要因としての騒音による健康障害のリスクは、等価騒音レベルにより判断することと考えてよい。

なお、等価騒音レベル（単位：dB）は、人間の感じる音の大きさの感覚に近い周波数重み付けをしたA特性音圧に基づくものであり、旧来はdB（A）と表記されていたものである。労働衛生分野においては、聴覚保護具の選定においてC特性音圧（dB（C））を用いるほかは、全てA特性音圧と考えてよい。

現在では、周波数重み付けとエネルギー積算とを自動で演算する騒音計が一般的であるが、JIS C 1509-1に規定する精度を満たすものでなければ、等価騒音レベルを正しく表示することができないことに留意すること。特に、スマートフォンに標準搭載された周波数特性のマイクと音声圧縮演算機を経て算出された音のデータは、生活騒音の強弱の目安には活用できても、騒音障害のリスクという点では、機能的に過小評価となるため、使用してはならない。仮に、周波数特性の優れたマイクロホンを取り付けたとしても、取り扱う音のデータは、データ容量や通信の観点から音声圧縮演算機により最適化（大多数が満足できるものに加工）されてしまうため、異常に大きな音は“そこそこ”のレベルに圧縮される。静穏な環境と比べて100～1,000倍もの音圧を取り扱う職場の騒音測定においては、注目すべきデータが除外または圧縮されてしまう可能性が高い。

▶表2-1　騒音対策に重要な指標（いずれも単位はdB）

指　標	説　明	主な用途
騒音レベル	音圧（物理量はパスカルPa）を対数で表した値（デシベルdB）で、人間が感じる音の感覚に近いとされる。0dBとなる基準の音圧20μPaは、人間が感じる最も小さい音の音圧。	瞬間的な音の大きさ 工具や機械から推計する音の大きさ
等価騒音レベル	一定時間の騒音レベルをエネルギー的に平均した値。 手持動力工具を間欠的に操作するなど騒音レベルが時間的に変化する場合でも、等価騒音レベルを測定する騒音計により自動的に演算される。	騒音計での表示 作業環境測定 個人ばく露測定 聴覚保護具の選定（C特性音圧dB（C）を用いる）
1日ばく露量（8時間時間加重平均値）	1日の作業時間（8時間）に対応した等価騒音レベル。	慢性的な影響の判定 騒音性難聴のリスクの評価

（2）作業環境測定による等価騒音レベルの測定

屋内作業場における等価騒音レベルの測定は、作業環境測定により6カ月以内ごとに1回、定期に行う。「騒音障害防止のためのガイドライン」（以下、「ガイドライン」という。）別表第1に掲げる屋内作業場については、安衛則第588条に規定する「著しい騒音を発する屋内作業場」に該当するため、安衛法第65条に規定する作業環境測定となり、作業環境測定基準に従って行わなければならない。実務上は、ガイドライン別紙1「作業環境測定による等価騒音レベルの測定」に基づき、測定、評価、措置および記録を行えばよい。

ガイドライン別表第2に掲げる作業場のうち、屋内作業場については、後述する個人ばく露測定を行う場合を除き、ガイドライン別表第1に掲げる屋内作業場と同様に、ガイドライン別紙1「作業環境測定による等価騒音レベルの測定」に基づき、測定、評価、措置および記録を行えばよい。

作業環境測定の具体的な手順は、次のとおり。

ア　単位作業場所の範囲の設定

ガイドライン別表第１または別表第２に掲げる作業場について、騒音レベルの分布状況と労働者の行動範囲から、単位作業場所の範囲を設定する。１つの作業場であっても、独立した複数の騒音源に対し、それぞれの労働者の行動範囲に重なりがない場合など、単位作業場所を２つ以上設定することもある（図2-2）。

騒音計を手に持って大まかな騒音レベルを確認しながら、騒音レベルが 80 dB 以上と考えられる範囲を単位作業場所とする（後述の測定値の計算において、80 dB 未満の測定点については計算の対象とならない）。

イ　測定点の設定

＜Ａ測定＞

測定点は、単位作業場所の床面上に６m 以下の等間隔で引いた縦の線と横の線との交点全てとする。設備等があって労働者が立ち入ることがない交点については、測定点としなくてよいが、測定点は単位作業場所について５点以上とする必要がある。

測定点の高さは、床上 1.2 ～ 1.5 m とする。また、測定点の位置は、壁などの反射物から 3.5 m 以上離すことが望ましいが、難しい場合でも少なくとも１m 以上は離すこと（図2-3）。

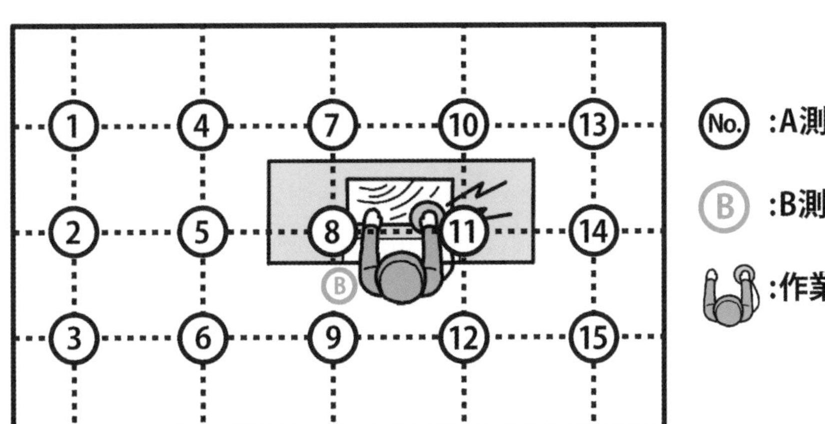

▶図2-2　単位作業場所の範囲の設定

第2章　適正な作業環境の確保と維持管理

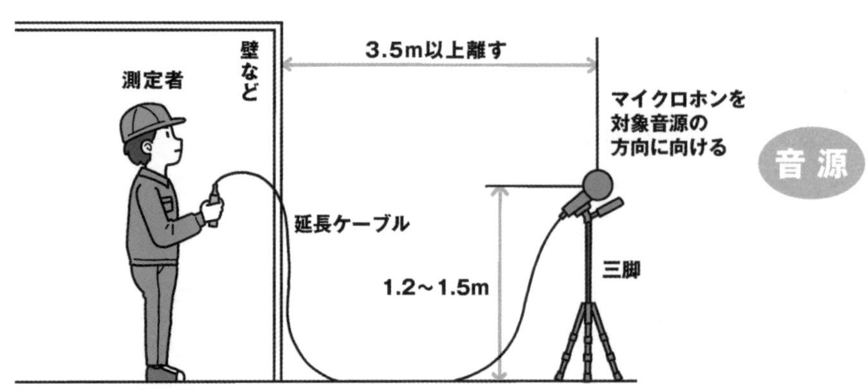

測定者、音を発する機器は
測定に影響のない程度まで
マイクロホンから離すようにする

響音の影響が少ない場所を測定点にする

■屋外

位置：地面以外の反射物から 3.5 m以上離れた位置

高さ：地上 1.2 ～ 1.5 m

■建物の周囲

位置：騒音の影響を受けている外壁面から 1 m～ 2 m離れた位置

高さ：建物の床レベルから 1.2 ～ 1.5 m

■建物の内部

位置：壁、その他の反射面から 1 m以上離れた位置
　　　窓などの開口部から約 1.5 m離れた位置

高さ：床上 1.2 ～ 1.5 m

▶図2-3　測定点の選択

＜B 測定＞

騒音レベルが最も大きくなると思われる時間に、音源に近接して作業を行う労働者の位置での測定を行う。騒音測定に関しては、単位作業場所内の騒音レベルの分布が均一となることはないため原則としてB測定を行う必要があり、省略できるのは、労働者が立ち入れない離れた場所に音源があり、労働者が単位作業場所内を移動しても騒音レベルがほぼ均一である場合などに限られる。

ウ　騒音計の準備

作業環境測定に用いる騒音計は、等価騒音レベル（A 特性）を測定できる必要があり、JIS C 1509-1 に規定する精度を満たすものとする（図2-4）。

騒音計は、電池容量や電源電圧が十分であることを確認するとともに、使用の都度、JIS C 1515 に適合した音響校正器を使用して校正する。マイクロホンの高さが床上 1.2 ～ 1.5 m となるよう、上向きに設置する。気流の影響を防止するため、マイクロホンにウインドスクリーンを付ける。作業場の振動による影響に

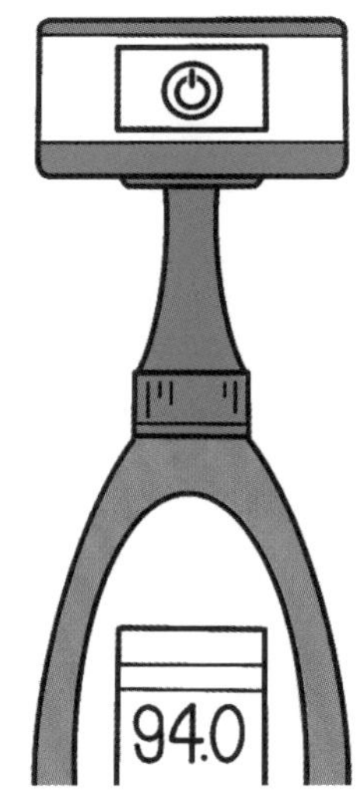

▶図2-4　騒音計（音響校正器を付けている様子）

も留意する。

エ　等価騒音レベルの測定

作業環境測定士、衛生管理者など事業場における労働衛生管理の実務に直接携わる者が実施することにより、単位作業場所における作業の状況や設備の稼働状況を把握した上で、騒音レベルの日ごとの変動や日内変動を考慮した適切な作業環境測定を実施することができる。作業環境測定士や衛生管理者であっても、可能な限り騒音測定や測定器の操作に特化した実習を行い、習熟しておくことが望ましい。等価騒音レベルの測定の詳細については、巻末の参考2を参照のこと(P.118)。作業環境測定機関に委託して実施する場合は、職長等から委託先に作業の状況や設備の稼働状況など必要な情報をあらかじめ提供する必要がある。

1測定点における測定時間は、10分間以上の継続した時間とする。単位作業場所における設備の稼働状況等を考慮し、通常の作業が行われている時間帯に測定すること。騒音の日内変動を考慮し、A測定の開始から終了までの時間は、1時間以上とする。

オ　A測定の平均値の算出

A測定の各測定点における測定値について、80 dB未満となるデータを除いて、単位作業場所における算術平均値を求める。

$$L_{\mathrm{Aeq}}(A)=\frac{L_{\mathrm{Aeq}}(1)+L_{\mathrm{Aeq}}(2)+L_{\mathrm{Aeq}}(3)+L_{\mathrm{Aeq}}(4)+\cdots+L_{\mathrm{Aeq}}(n)}{n}$$

＊各測定点のうち 80 dB 未満の値を除いて計算する。

カ　B 測定値

通常は、1 測定点における等価騒音レベルを測定し、単位作業場所における B 測定値とする。2 カ所以上で B 測定を実施した場合は、得られた測定値のうち、最も大きい値を B 測定値とする。

キ　測定結果の評価

得られた A 測定の平均値および B 測定値を用いて、単位作業場所ごとに、次の表 2-2 により、作業環境測定結果の評価を行う。

▶表2-2　測定結果の評価

		B 測定		
		85 dB 未満	85 dB 以上 90 dB 未満	90 dB 以上
A 測定平均値	85 dB 未満	第Ⅰ管理区分	第Ⅱ管理区分	第Ⅲ管理区分
	85 dB 以上 90 dB 未満	第Ⅱ管理区分	第Ⅱ管理区分	第Ⅲ管理区分
	90 dB 以上	第Ⅲ管理区分	第Ⅲ管理区分	第Ⅲ管理区分

【備考】

1「A 測定平均値」は、測定値を算術平均して求めること。

2「A 測定平均値」の算定には、80 dB 未満の測定値は含めないこと。

3　A 測定のみを実施した場合は、表中の B 測定の欄は 85 dB 未満の欄を用いて評価を行うこと。

ク　評価結果に基づく措置

事業者は、キによる評価の結果に基づき、管理区分ごとに、それぞれ表 2-3 の措置を講ずること。なお、手持動力工具を使用する業務については、第Ⅰ管理区分に区分されることが継続している場所である場合を除き、当該業務に従事する労働者に対し、聴覚保護具を使用させること。

▶表2-3　管理区分に応じて講ずべき措置

管理区分	措　置
第Ⅰ管理区分	・作業環境の継続的維持に努めること。 ・手持動力工具を使用する業務に従事する労働者に対し、聴覚保護具を使用させること（第Ⅰ管理区分が継続している場所を除く。）。
第Ⅱ管理区分	・第Ⅱ管理区分である旨を標識等で明示すること。 ・施設設備や作業工程等の点検と改善により、第Ⅰ管理区分となるよう努めること。 ・労働者に対し、必要に応じ、聴覚保護具を使用させること。 ・手持動力工具を使用する業務に従事する労働者に対し、聴覚保護具を使用させること。
第Ⅲ管理区分	・第Ⅲ管理区分である旨を標識等で明示すること。 ・施設設備や作業工程等の点検と改善により、第Ⅰ管理区分または第Ⅱ管理区分となるように努めること。 ・作業環境を改善するための措置を講じたときは、その効果を確認するため、同様の方法で作業環境測定を行い、結果の評価を行うこと。 ・労働者に対し、聴覚保護具を使用させた上で、その使用状況を管理者に確認させること。 ・聴覚保護具の使用について、作業中の労働者が容易に知ることができるよう、見やすい場所に掲示すること。

ケ　測定結果の記録

測定結果は、次に示す事項を記録し、3年間保存する。

1）測定日時、2）測定方法、3）測定箇所、4）測定条件、 5）測定結果、6）評価日時、7）評価箇所、8）評価結果、9）測定および評価を実施した者の氏名、10）測定および評価結果に基づき講じた改善措置の概要（該当する場合のみ）

以下に、作業環境測定結果の記録様式の例を示す。

保存　年

年　月　日

報告書（証明書）番号

騒音の作業環境測定結果報告書（証明書）（例）

殿

貴事業場より委託を受けた作業環境測定の結果は、下記及び別紙作業環境測定結果記録表に記載したとおりであることを証明します。

測定を実施した作業環境測定機関

①名　称		②代表者職氏名	㊞
		②-(2)作業環境測定結果の管理を担当する者の氏名	㊞
③所在地（TEL，FAX）			
④登録番号		⑤作業環境測定に関する精度管理事業への参加の有無	無 有（　年度参加 No.　）
⑥連絡担当作業環境測定士氏名		⑦登録に係る指定作業場の種類	第1　2　3　4　5

測定を委託した事業場等

⑧ 名称	
⑨ 所在地（TEL、FAX）	

記

1. 測定を実施した単位作業場所の名称：
2. 測定項目（管理指標）：等価騒音レベル（85 dB）
3. 測定年月日：　年　月　日
4. 測定結果

		区分		
A測定結果（算術平均値）	(dB)	$L_{(A)}<85$	$85\leqq L_{(A)}<90$	$90\leqq L_{(A)}$
B測定値	(dB)	$L_{(B)}<85$	$85\leqq L_{(B)}<90$	$90\leqq L_{(B)}$
管理区分		第Ⅰ管理区分	第Ⅱ管理区分	第Ⅲ管理区分

【事業場記入欄】

作成者職氏名		作成年月日	年　月　日

(1)当該単位作業場所における管理区域の区分等の推移（過去4回）

測定年月日	年　月	年　月	年　月	年　月(前回)
A測定結果	dB	dB	dB	dB
B測定結果	dB	dB	dB	dB
管理区分	第Ⅰ　第Ⅱ　第Ⅲ	第Ⅰ　第Ⅱ　第Ⅲ	第Ⅰ　第Ⅱ　第Ⅲ	第Ⅰ　第Ⅱ　第Ⅲ

(2)衛生委員会，安全衛生委員会またはこれに準ずる組織の意見

(3)産業医または労働衛生コンサルタントの意見

(4)作業環境改善措置の内容

出典：公益社団法人　日本作業環境測定協会「作業環境測定ガイドブック６　温湿度・騒音・酸欠作業場所の測定の実務」2020. p 49.

（3）個人ばく露測定による等価騒音レベルの測定

ガイドライン別表第1に掲げる作業場（安衛則第588条に規定する「著しい騒音を発する屋内作業場」）を除く全ての作業場において、個人ばく露測定による等価騒音レベルの測定を行うことができる。

騒音作業においては、一般に騒音源と労働者との距離が大きく変化すること、および建物や壁等による反射の影響がない場合は騒音レベルが距離に応じて大きく変動することから、労働者の位置における等価騒音レベルを測定して十分な時間にわたり積算する必要がある。個人ばく露測定は、これに対応した測定方法で、欧米をはじめ諸外国では、数十年前から個人ばく露測定が主流である。個人ばく露測定に対応した測定機器は、最近、日本でも胸ポケットや肩の位置に付ける小型のものが開発されている（図2-5）。測定機器単体が高価であること、測定機器からのデータ抽出と解析に必要なソフトウェアを揃える必要があることから、個人ばく露測定に対応した作業環境測定機関に委託したり、測定機器をレンタルする業者を利用したりすることも考えられる。

個人ばく露測定による等価騒音レベルの測定は、ガイドライン別紙3により行うこととされている。個人ばく露測定の具体的な手順は、次のとおり。

ア　測定計画の立案

屋外作業場においては、単位作業場所の考え方がないため、あらかじめ対象となる労働者を選定して決定する必要がある。

＜大型の騒音源の場合＞

車両系建設機械など、大型の騒音源については、騒音計による実測または騒音レベルの推計により、概ね85 dB以上となる作業場の範囲（例えば当該機械から概ね

▶図2-5　小型ばく露計

10 m 以内など）を定め、その範囲に出入りする作業者を対象とする。

対象作業者を同一作業グループに分け、各グループ少なくとも１名を測定対象とする。

測定日における作業の状況を確認した上で、測定開始時刻および測定実施時間を決定する。測定実施時間は、変動が大きい作業については１日とし、１日のうちに同一サイクルの繰り返しがある場合は、半日、２時間など１サイクルを測定し、１日当たりに計算することとしてもよいが、短時間の変動による影響を排除するため、少なくとも１時間とする。

なお、シールド工法によるずい道工事等が行われる坑内の作業場における軌道車の運転等の業務については、軌道車本体や、車輪とレールとの接触により発する騒音が、むき出しの車体から直接にまたはずい道壁で反射して、運転者および同乗者の耳に入ることになる。軌道車と運転者等がともに移動することとなるため、個人ばく露測定により行う必要がある。その場合、個人ばく露計は、運転者１名に装着することで差し支えないが、１日当たり騒音作業に従事する時間（軌道車に乗車する時間）は、運転者と同乗者とで異なるため１日ばく露量が異なることに留意する。また、積み荷の状況により往路と復路の騒音レベルが異なることを想定し、個人ばく露測定は少なくとも一往復とする。

イ　騒音ばく露計の準備

騒音ばく露計は、等価騒音レベルを正確に測定できる必要があるため、JIS C 1509-1 または IEC 61252 に規定する精度を満たすものとする。また、作業者の負担を考慮して軽量小型のものとし、作業場の状況により防水機能や防爆機能など必要な機能を備えたものとする。

数時間から１日に及ぶ測定となるため、電池または充電池の電源の状況を確認しておく。

個人ばく露計に日時や時刻を入力するとともに、必要に応じて測定条件等を入力しておく。

ウ　個人ばく露計の校正

個人ばく露計は、測定の都度所定の音響校正器を用いて校正する必要がある。

エ　作業者への装着

個人ばく露計のマイク部分を露出させる形で、作業者の首や肩の近く（胸ポケット等）に装着する。作業者には、騒音の大きさを時間とともに記録するものであり、会話を録音するものではない旨を説明し、測定時間を通じて（休憩時間も）装着したままとするよう伝える。作業中に個人ばく露計をずらしたり落としたりすることのないよう、マイクと本体を作業者にしっかり装着する。

オ　測定の開始

測定開始ボタンを確実に操作して、測定を開始する。個人ばく露計のインジケータ等により測定動作を確認した上で測定開始時刻を記録する。

測定中に作業者が行うべき機器の操作はないが、可能な範囲で測定時間中の作業状況を記録しておく。

カ　測定の終了と記録

測定終了ボタンを押して機器を確実に止めるとともに、測定終了時刻を記録する。また、測定に関する基本情報として、対象作業ごとに、対象者氏名、使用工具、使用保護具および作業時間（対象作業者が騒音作業に従事した時間。測定時間とは別）のほか、測定を実施した者の氏名および測定機器に関する情報を記録する必要がある。詳しくは、「騒音個人ばく露測定結果（記載例）」（P.30）を参照のこと。

測定データの解析を外部に依頼する場合は、個人ばく露計ごとに測定対象者等データを特定する情報とひもづけした上で梱包し郵送する。

キ　測定データの解析

データをパソコンに移した上で、等価騒音レベルなど必要なデータを計算して評価する。

ク　個人ばく露測定結果の評価

得られた個人ばく露測定結果は、騒音個人ばく露測定結果記録表に記載し、等価騒音レベルを計算する。

個人ばく露測定結果の評価は、日本産業衛生学会が「許容濃度等の勧告」に定める騒音の許容基準のうち、「表2　騒音レベル（A 特性音圧レベル）による許容基準」（参考３：P.122）により行う。次の表 2-4 は、その概要版である。

等価騒音レベルに応じ、１日の騒音作業時間の上限（最大８時間）が算出される。この時間騒音作業を行うと、１日ばく露量に達することになる。等価騒音レベル 85 dB のとき、１日の騒音作業時間の上限は８時間であり、等価騒音レベルが３dB 増加するごとに１日の騒音作業時間の上限を半減させなければならない。

▶表2-4　等価騒音レベル（A特性音圧レベル）による許容基準

等価騒音レベル(dB)	85	86	87	88	89	90	91	92
1日のばく露時間	8時間00分	6時間20分	5時間02分	4時間00分	3時間10分	2時間30分	2時間00分	1時間35分
等価騒音レベル(dB)	93	94	95	96	97	98	99	100
1日のばく露時間	1時間15分	1時間00分	0時間47分	0時間37分	0時間30分	0時間23分	0時間18分	0時間15分

※　日本産業衛生学会の「許容濃度等の勧告（2022年度）」の中の、Ⅵ. 騒音の許容基準にある、「表Ⅵ-2. 騒音レベル（A特性音圧レベル）による許容基準）」の一部抜粋

ケ　個人ばく露評価結果に基づく措置

算定した等価騒音レベルおよび1日ばく露量に応じて、音源対策や伝ぱ防止対策を講ずるほか、当該作業者および同一グループに属する作業者に対し、労働者の騒音ばく露を低減するために表2-5のような必要な対策を講ずる必要がある。

コ　測定結果の記録

測定結果は、次に示す事項を記録し、3年間保存する。

1）測定等の日時、2）測定等の方法、3）測定等の対象となる騒音作業および対象者、4）測定結果、5）測定等および評価を実施した者の氏名、6）測定等および評価の結果に基づいて講じた改善措置の概要（該当する場合のみ）

▶表2-5　個人ばく露測定結果に基づく措置

等価騒音レベル	85dB 未満	・騒音リスクは高くない注)。 ・作業環境の維持管理に努めること。 ・手持動力工具を使用する業務に従事する労働者に対し、聴覚保護具を使用させること（等価騒音レベルが継続的に 85dB 未満である場合を除く。）。
	85dB 以上 90dB 未満	・作業工程または作業方法の点検、改善等により、等価騒音レベルが 85dB 未満になるよう努めること。 ・労働者に対し、必要に応じ、有効な聴覚保護具を使用させること。 ・手持動力工具を使用する業務に従事する労働者に対し、聴覚保護具を使用させること。
	90dB 以上	・施設設備や作業工程等の点検と改善により、等価騒音レベルが 85dB 未満となるよう努めること。 ・作業環境を改善するための措置を講じたときは、その効果を確認するため、同様の方法で個人ばく露測定を行うこと。 ・労働者に有効な聴覚保護具を使用させた上で、その使用状況を管理者に確認させること。 ・聴覚保護具の使用について、作業中の労働者が容易に知ることができるよう、作業場の見やすい場所に掲示すること。

注）等価騒音レベルまたは１日ばく露量が 85dB 未満であっても、ハンマーを用いて金属の打撃または成型の業務を行う屋内作業場等、機械的衝突に伴う衝撃音を発する業務を行う建物や壁等で囲まれた狭隘な作業場における業務に従事する労働者に対し、有効な聴覚保護具を使用させることが望ましい。

3年間保存

騒音個人ばく露測定結果（記載例）

作成日　　年　月　日

1. 個人ばく露測定結果／評価結果

No.	対象作業（別表区分等）	開始/終了時刻 測定時間（分）	等価騒音レベル L_{Aeq}（dB）	測定条件（周辺の建物、騒音源など）	作業可能時間
1					
2					

注）作業可能時間は、ガイドラインの表「等価騒音レベルによる許容基準」により求めること。

2. 測定結果に基づき講じた措置

(1) No. 1：

(2) No. 2：

3. 測定に関する基本情報

(1)　測定年月日　　　年　月　日

(2)　測定場所

(3)　測定対象者、使用工具等

対象作業	対象者氏名	使用工具およびその位置	保護具	作業時間（時間）	備考
1					
2					

(4)　測定実施者

	測定実施者	データ解析実施者
氏名		
役職		

4. 測定機器に関する情報

騒音ばく露計の名称・型式	
精度に関する情報（最終校正日等）	

（4）定点測定による等価騒音レベルの測定

ガイドライン別表第２に掲げる作業場のうち坑内の作業場について、音源に近接する場所において作業が行われている時間のうち、騒音レベルが最も大きくなると思われる時間に、当該作業が行われる位置において等価騒音レベルの測定を行う。

山岳トンネルにおける定点測定は、切羽、インバート、覆工等の坑内業務（表2-6）に応じ、各作業グループを念頭に置き、騒音レベルが最も大きくなると思われる時間と位置とを選定して測定する必要がある。

▶表2-6　坑内業務の区分

坑内業務	作業グループの例	備考
切羽作業	掘削、吹付け、支保工建込み、ずり積込み、運搬等	
インバート作業	インバート作業	切羽作業を含むものは切羽作業として取り扱う
覆工作業他	覆工、その他の坑内作業	
坑外作業	—	必要に応じ屋外作業として取り扱う

また、ガイドライン別表第２に掲げる作業場のうち屋外作業場については、個人ばく露測定による等価騒音レベルの測定のほか、従来から認められていた定点測定による等価騒音レベルの測定も行うことができる。

ただし、屋外作業場における定点測定は、「測定する位置の選定は測定結果に大きく影響し、特に、作業者が音源に最も近づいたときの騒音が、作業者がばく露する等価騒音レベルの値に大きく寄与する。…作業者よりも後方で定点測定を行った場合、騒音レベルが過小評価される」（「令和３年度騒音障害防止のためのガイドライン見直しに関する検討事業報告書」（中央労働災害防止協会））とされていることに留意する必要がある。改正前のガイドライン（平成４年）においては、屋内作業場以外の作業場における等価騒音レベルの測定は、「音源に近接する場所において作業が行われている時間のうち、騒音レベルが最も大きくなると思われる時間に、当該作業が行われる位置において等価騒音レベルの測定を行う」こととされていたが、当該作業が行われる位置における測定を行うことは困難である。屋外の開放空間では、距離に応じて騒音レベルが減衰することが分かっており、手持動力工具などで騒音源と労働者の耳の位置までの距離を1mと仮定すれば、2mの位置での定点測定は6dB、4mの位置では12dBも過小評価することとなってしまう。また、騒音レベルが最も大きくなると思われる時間の設定により測定される等価騒音レベルは大きく異なるため、再現性のある測定を行うことは困難である。

定点測定による等価騒音レベルの測定の具体的な手順は、次のとおり。

ア　定点測定の方法

騒音源に近接する場所において作業が行われている時間のうち、騒音レベルが最も大きくなると思われる時間に、当該作業が行われる位置において、作業環境測定基準第4条第3号に定める方法による等価騒音レベルの測定（以下ガイドライン別紙2および4において「定点測定」という。）を行う。

測定は、作業が定常的に行われている時間帯に、1測定点について10分間以上継続して行う。

イ　測定結果に基づく措置

事業者は、アによる定点測定の結果に基づき、次ページの措置を講ずる必要がある（表2-7）。

（5）騒音レベルの推計

屋外作業場においては、作業場内に多くの騒音源があり労働者がさまざまな作業を行っていることが多く、労働者を作業グループに分類したとしても、作業場内の全ての作業グループに対して個人ばく露測定を実施することは現実的ではなく、短時間の作業などは測定対象に含まれない場合も多い。また、道路修繕や建築物の解体などでは短期間に作業が終了することもあり、個人ばく露測定を行ったとしても、測定結果が得られた時点で必要な措置を講ずることができない。しかし、騒音性難聴は、長期にわたる騒音のばく露により生ずるものであるから、このように1つの作業現場において短時間の作業または臨時の作業を行う場合であっても、その労働者が別の作業現場で同様の作業をすることにより、騒音性難聴のリスクは高くなる。

このため、周辺に建物や壁等の騒音の反射に影響する物体がない屋外の作業場については、個人ばく露測定に代えて、妥当な方法により、騒音源に着目して、対象となる騒音作業ごとに、騒音レベルの推計を行うことができるとされている。

▶表2-7　定点測定結果に基づく措置

等価騒音レベル	85dB 未満	・騒音リスクは高くない注)。 ・作業環境の維持管理に努めること。 ・手持動力工具を使用する業務に従事する労働者に対し、聴覚保護具を使用させること（等価騒音レベルが継続的に85dB 未満である場合を除く。）。
	85dB 以上 90dB 未満	・作業工程または作業方法の点検、改善等により、等価騒音レベルが85dB 未満になるよう努めること。 ・労働者に対し、必要に応じ、有効な聴覚保護具を使用させること。 ・手持動力工具を使用する業務に従事する労働者に対し、聴覚保護具を使用させること。
	90dB 以上	・施設設備や作業工程等の点検と改善により、等価騒音レベルが85dB 未満となるよう努めること。 ・作業環境を改善するための措置を講じたときは、その効果を確認するため、同様の方法で定点測定を行うこと。 ・労働者に有効な聴覚保護具を使用させた上で、その使用状況を管理者に確認させること。 ・聴覚保護具の使用について、作業中の労働者が容易に知ることができるよう、作業場の見やすい場所に掲示すること。 ・その適切な使用を確認することにより、当該労働者の騒音レベルを85dB 未満になるようにすること。

注）等価騒音レベルまたは1日ばく露量が85dB 未満であっても、ハンマーを用いた金属や岩石の打撃の業務を行う等、機械的衝突に伴う衝撃音を発する業務を行う建物や壁等で囲まれた狭隘な作業場における業務に従事する労働者に対し、有効な聴覚保護具を使用させることが望ましい。

屋外の作業場についての騒音レベルの推計結果は、個人ばく露測定に基づく等価騒音レベルに準じて取り扱うこととなるため、6カ月以内ごとに1回、定期におよび作業工程または作業方法を変更した場合に行う必要がある。ただし、直近に行った騒音レベルの推計または個人ばく露測定結果に基づき再度推計を行うことは、その前提となる条件が妥当であれば、差し支えないと考えられる。

騒音レベルの推計は、周辺に建物や壁等の物体がない屋外作業場において騒音レベルが距離の2乗に反比例する（騒音源からの距離が2倍になると騒音レベルは6 dB小さくなる）ことを用いるものであるため、屋内作業場、坑内の作業場および周辺に建物や壁等による音の反射による影響を無視できない場合は、行うことができない。

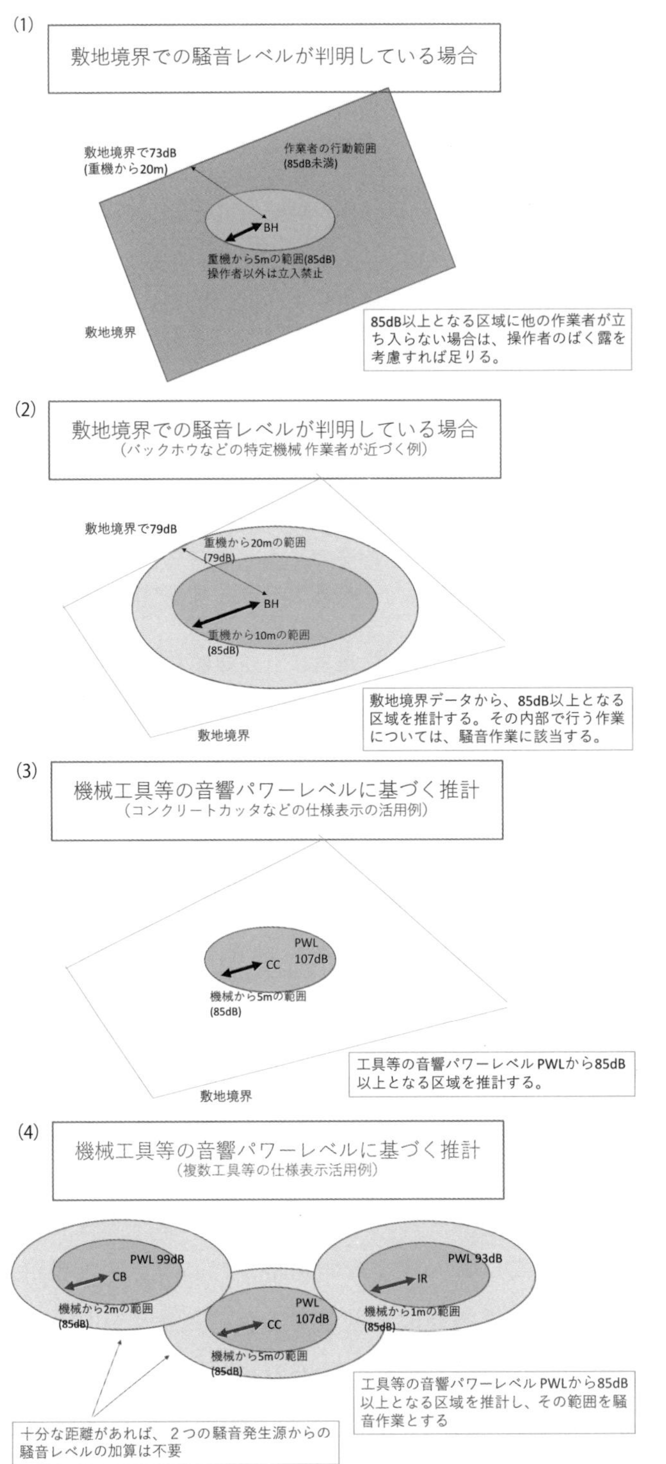

▶図2-6　個人ばく露測定によらない騒音ばく露レベルの推計について

出典：職場における騒音障害防止のためのガイドライン見直し検討会（第４回）資料．厚生労働省（一部改変）

ア　工具等に表示された一定距離における騒音レベルのデータを用いた推計

<手持動力工具の例>

排気量 40 cc 以上の内燃機関を内蔵するチェーンソーについては、チェーンソーの規格に基づき操作者の位置で測定した騒音レベルの表示が義務付けられている。また、EU への輸出を前提とした手持動力工具については、騒音レベルの表示が求められるため、製造者が騒音レベルに関するデータを持っていることも多い。

これら表示されている騒音レベルを用いて、操作者および近傍で作業する労働者の騒音レベルを推計することができる。推計の実際については、次の表2-8を参照のこと。

対象とすべき周辺労働者の範囲については、騒音源からの距離が 2 倍になるごとに 6 dB 減少することに着目すればよい。すなわち、騒音源から 0.5 m の距離において 97 dB であるとすれば、騒音源から 2 m（4 倍）離れた位置における騒音レベルは 85 dB となるので、それ以遠は 85 dB 未満と考えてよい。

▶表2-8　騒音源からの距離に応じた騒音レベルの目安

騒音源の例	手持ちブレーカ	チェーンソー	コンクリートカッター
0.5 m	93 dB	97 dB	-
1 m	87 dB	91 dB	98 dB
2 m	81 dB	85 dB	92 dB
3 m	77 dB	81 dB	88 dB
4 m	75 dB	79 dB	86 dB
5 m	73 dB	77 dB	84 dB
10 m	67 dB	71 dB	78 dB
15 m	63 dB	67 dB	74 dB
20 m	61 dB	65 dB	72 dB

注）壁等による音響反射を無視できる屋外作業場に限る距離が２倍になるごとに 6dB 減少すると仮定
網掛けは、連続的な騒音と仮定したときに等価騒音レベルが 85dB 以上となる範囲
出典：職場における騒音障害防止のためのガイドライン見直し検討会（第４回）資料. 厚生労働省（一部改変）

<車両系建設機械の例>

車両系建設機械については、運転席における騒音レベルが表示されていることがあるので、通常の使用条件ではこれを利用することができる。また、当該機械から一定距離の場所における騒音レベルのデータが得られる場合は、手持動力工

具と同様の考え方で、車両系建設機械周辺の騒音レベルを推計できる。通常、車両系建設機械の周辺には作業者の安全確保のため立入禁止区域が設定されており、85 dB となる距離に労働者が立ち入るかどうかを考慮して対象者を選定すればよい。

イ　工具等に表示された音響パワーレベル等のデータを用いた推計

<手持動力工具の例>

EU 向け輸出仕様の手持動力工具には、音響パワーレベルのデータを持つものもある。音響パワーレベルは、特殊な条件の下での測定結果をもとにその機器固有の値を求めたものである。建物や壁等による音響反射を無視できる（地面からの反射のみの）屋外作業場においては、この音響パワーレベルの値から 8 dB を減ずることにより 1 mの距離における騒音レベルを計算することができるので（ガイドラインに示された推計方法）、前述の方法により、騒音源から労働者までの距離に応じた騒音レベルを計算する。

<車両系建設機械の例>

国土交通省が指定する低騒音型建設機械については、建設機械の型式ごとに騒音の測定値として、当該機械から発生する騒音の音響パワーレベルが示されている。この値は騒音規制法に規定する一般環境対策のためのものであるが、周辺労働者に対する騒音レベルの推計に活用することができる。音響パワーレベルからある地点における騒音レベルの計算方法は、手持動力工具の場合と同様である。

ウ　複数の騒音源を考慮する必要がある場合

屋外の作業場においては、作業場内に複数の機械や工具が存在することが多いが、前述したとおり騒音は距離に応じて減衰するため、音響パワーレベルが 107 dB 程度までの手持動力工具については、騒音レベルが 85 dB 以上となるのは概ね 5 m以内の距離に限られると考えてよい。したがって、屋外で数m以上の間隔を空けて行われる手持動力工具による騒音については、多くの場合、最も近い手持動力工具からの騒音レベルを考慮することで足りる。

屋外に発電機が複数近接して設置されている場合等、音響パワーレベルが大きい複数の機械や工具からの騒音の影響を考慮する必要がある場合には、複数の騒音源からの騒音レベルを加算する。騒音レベルの加算は、正式には次式を用いる。

$$L = 10\,log\ (10^{L1/10} + 10^{L2/10})$$

$L1$: 騒音源 1 による騒音レベル（dB）

$L2$: 騒音源２による騒音レベル（dB）

L ：騒音源１と２による騒音レベル（dB）

騒音レベルは対数表示であるため、10 dB の差は実際には１桁異なる値の加算となり、現場レベルでは無視して差し支えない。複数の騒音源を加算する場合の簡易表を表２-９に示す。

▶表２-９（参考）２つの騒音源からの騒音レベルの加算方法（簡便法）

値の差（dB）	0～1	2～4	5～9	10＜
加算する値	+3	+2	+1	0

出典：職場における騒音障害防止のためのガイドライン見直し検討会（第４回）資料．厚生労働省（一部改変）

２つの騒音レベルの差が１dB までであれば、大きいほうの値に１を加算し、差が２から４dB までであれば、大きいほうの値に２を加算する。例えば、ある地点で２つの騒音源からの騒音レベルがそれぞれ 80 dB と 83 dB であるとすると、２つの騒音源からの騒音レベルを加算すると、大きいほうの 83 dB に２dB を加える 85 dB となる。

音響パワーレベルが大きい騒音源が複雑に近接する場合、建物や壁等による影響を無視できない場合は、計算によらず個人ばく露測定を行って評価する必要がある。

エ　騒音レベルの推計結果の取扱いと評価

騒音レベルの推計を行ったときは、原則として、個人ばく露測定と同様に、等価騒音レベルに応じた措置を講ずる必要がある。ただし、ア～ウで計算した騒音レベルの推計結果は、機械や工具が稼働しているときの騒音レベルを示すものであり、チェーンソーや多くの手持動力工具のように稼働時間が短く間欠的である場合は、本来の等価騒音レベル（個人ばく露計により機械や工具の運転サイクルを超えて実測した値）となるように補正しないと、通常は不当な過大評価となってしまう。例えば、あるチェーンソーで推計した等価騒音レベルが 88 dB であるとすると、これをそのまま適用すれば、チェーンソー作業を８時間連続で行ったかのような等価騒音レベルとなってしまう。そのため、騒音レベルの推計結果から、１日ばく露量を計算して、これを等価騒音レベルとみなして措置を講ずる。

騒音レベルの推計結果が 85 dB 以上となった場合は、当該機械または工具の稼働中を通して聴覚保護具（図２-７）を使用させることとした上で、騒音障害の

リスクの観点からは、1日ばく露量の考え方が妥当である。1日ばく露量は、機械または工具が稼働している時間における騒音レベルを、稼働していない時間も勘案して1日当たりに平均化したものであり、等価騒音レベルに相当する。

▶図2-7　低遮音型の耳栓

例えば、ある1日に、騒音レベルの推計値88 dBのチェーンソーを2時間使用し、それ以外の6時間は騒音作業に従事しなかったとすると、8時間の4分の1、すなわち－3dBとなる2分の1を2回減ずることとなるので、1日ばく露量は、

$$88\,\mathrm{dB} - 6\,\mathrm{dB} = 82\,\mathrm{dB}$$

となる。

オ　騒音レベルの推計結果等の記録

騒音レベルの推計結果は、個人ばく露測定結果と同様の位置付けとなるため、「屋外作業での騒音レベル推計結果（記載例）」のような様式（次ページ）に記録すること。

騒音レベルの推計に当たり、直近の推計結果を用いることは差し支えないが、前提となる条件が有効であることを確認のこと。

3年間保存

屋外作業での騒音レベル推計結果（記載例）

作成日　　年　　月　　日

1. 対象作業

2. 推計方法

□　騒音発生源（設備、機器、工具）の音響パワーレベルと作業者までの距離を用いた推計
□　騒音発生源（設備、機器、工具）に表示された特定位置における音圧レベルと作業者までの距離を用いた推計

3. 推計年月日　　　年　　月　　日

4. 推計結果　$L_p = L_W - 20\log r - 8$ ［dB］

No.	設備、機器、工具の名称	L_W：機器固有の音響パワーレベル（dB）	r：機器から作業者までの距離（m）	L_p：作業者の位置の騒音レベル(dB)
1		dB	m	dB
2		dB	m	dB

注）特定位置における音圧レベルを用いた場合は、L_Wの欄にこの音圧レベルデータと L_Wの概算値を記入すること。

5. 評価結果

No,	対象作業（別表区分等）	作業時の騒音レベル L_{Aeq}	作業可能時間	実稼働時間（時間）	備考
1		dB	時間	時間	
2		dB	時間	時間	

注）作業可能時間は、ガイドラインの表「等価騒音レベルによる許容基準」により求めること。

6. 評価結果に基づき講じた措置

(1)

(2)

(3)

7. 推計実施者

氏名	
所属・役職	

（参考）

工具等の作動時の騒音レベル（dB）と、実稼働時間（実際の騒音ばく露時間）から、１日騒音ばく露量を算定するには、次式を用いること。

$$L_{\mathrm{EX,8h}} = L_{\mathrm{Aeq},T} + 10\,log(T / 8)$$

$L_{\mathrm{EX,8h}}$：１日騒音ばく露量

$L_{\mathrm{Aeq},T}$：時間 T（時間）における等価騒音レベル（工具等の作動時の騒音レベル等）

次の表2-10を目安として求めてもよい。

▶表2-10　騒音ばく露時間ごとの１日騒音ばく露量の目安

騒音レベル（dB）	最大ばく露時間	実際の騒音ばく露時間																			
		8:00	7:00	6:00	5:00	4:00	3:45	3:30	3:15	3:00	2:45	2:30	2:15	2:00	1:45	1:30	1:15	1:00	0:45	0:30	0:15
85	8:00	85	84.42	83.75	82.96	81.99	81.71	81.41	81.09	80.74	80.36	79.95	79.49	78.98	78.4	77.73	76.94	75.97	74.72	72.96	69.95
86	6:20	86	85.42	84.75	83.96	82.99	82.71	82.41	82.09	81.74	81.36	80.95	80.49	79.98	79.4	78.73	77.94	76.97	75.72	73.96	70.95
87	5:02	87	86.42	85.75	84.96	83.99	83.71	83.41	83.09	82.74	82.36	81.95	81.49	80.98	80.4	79.73	78.94	77.97	76.72	74.96	71.95
88	4:00	88	87.42	86.75	85.96	84.99	84.71	84.41	84.09	83.74	83.36	82.95	82.49	81.98	81.4	80.73	79.94	78.97	77.72	75.96	72.95
89	3:10	89	88.42	87.75	86.96	85.99	85.71	85.41	85.09	84.74	84.36	83.95	83.49	82.98	82.4	81.73	80.94	79.97	78.72	76.96	73.95
90	2:30	90	89.42	88.75	87.96	86.99	86.71	86.41	86.09	85.74	85.36	84.95	84.49	83.98	83.4	82.73	81.94	80.97	79.72	77.96	74.95
91	2:00	91	90.42	89.75	88.96	87.99	87.71	87.41	87.09	86.74	86.36	85.95	85.49	84.98	84.4	83.73	82.94	81.97	80.72	78.96	75.95
92	1:35	92	91.42	90.75	89.96	88.99	88.71	88.41	88.09	87.74	87.36	86.95	86.49	85.98	85.4	84.73	83.94	82.97	81.72	79.96	76.95
93	1:15	93	92.42	91.75	90.96	89.99	89.71	89.41	89.09	88.74	88.36	87.95	87.49	86.98	86.4	85.73	84.94	83.97	82.72	80.96	77.95
94	1:00	94	93.42	92.75	91.96	90.99	90.71	90.41	90.09	89.74	89.36	88.95	88.49	87.98	87.4	86.73	85.94	84.97	83.72	81.96	78.95
95	0:47	95	94.42	93.75	92.96	91.99	91.71	91.41	91.09	90.74	90.36	89.95	89.49	88.98	88.4	87.73	86.94	85.97	84.72	82.96	79.95
96	0:37	96	95.42	94.75	93.96	92.99	92.71	92.41	92.09	91.74	91.36	90.95	90.49	89.98	89.4	88.73	87.94	86.97	85.72	83.96	80.95
97	0:30	97	96.42	95.75	94.96	93.99	93.71	93.41	93.09	92.74	92.36	91.95	91.49	90.98	90.4	89.73	88.94	87.97	86.72	84.96	81.95
98	0:23	98	97.42	96.75	95.96	94.99	94.71	94.41	94.09	93.74	93.36	92.95	92.49	91.98	91.4	90.73	89.94	88.97	87.72	85.96	82.95
99	0:18	99	98.42	97.75	96.96	95.99	95.71	95.41	95.09	94.74	94.36	93.95	93.49	92.98	92.4	91.73	90.94	89.97	88.72	86.96	83.95
100	0:15	100	99.42	98.75	97.96	96.99	96.71	96.41	96.09	95.74	95.36	94.95	94.49	93.98	93.4	92.73	91.94	90.97	89.72	87.96	84.95

2 騒音ばく露低減措置

（1）騒音ばく露低減措置の種類

代表的な騒音対策の方法は次のとおり（表2-11）。

▶表2-11 代表的な騒音対策の方法

分 類	方 法	具体例
1 騒音発生源対策	発生源の低騒音化	低騒音型機械の採用
	発生原因の除去	給油、不釣合調整、部品交換など
	遮音	防音カバー、ラギング
	消音	消音器、吸音ダクト
	防振	防振ゴムの取り付け
	制振	制振材の装着
	運転方法の改善	自動化、配置の変更など
2 伝ぱ経路対策	距離減衰	配置の変更など
	遮蔽効果	遮蔽物、防音塀
	吸音	建屋内部の消音処理
	指向性	音源の向きの変更
3 受音者対策	遮音	防音監視室
	作業方法の改善	作業時間の調整、遠隔操作など
	耳の保護	耳栓、耳覆い（イヤーマフ）

（2）低騒音型機械の採用

騒音規制法（昭和43年法律第98号）では、生活環境の保全の観点から、工場および事業場における事業活動ならびに建設工事に伴って発生する相当範囲にわたる騒音についての規制が定められている。事業場内で作業に従事する労働者を前提としたものではないが、騒音源の周辺への騒音ばく露低減の観点から活用できるものがある。

ア　工場・事業場騒音の規制

都道府県知事等が指定した地域について、機械プレスや送風機など、著しい騒音を発生する一定の施設を設置する工場・事業場を対象に、設置工事の30日前までの届出、用途地域に応じた基準値（敷地の境界線における大きさの許容度）等の規制が定められている（表2-12）。

▶表2-12　騒音規制法に規定する特定施設

特定施設	内　訳
金属加工機械	圧延機械 製管機械 ベンディングマシン 液圧プレス 機械プレス せん断機 鍛造機 ワイヤーフォーミングマシン ブラスト タンブラー 切断機
空気圧縮機及び送風機	
土石用又は鉱物用の破砕機、摩砕機、ふるい及び分級機	
織機	
建設用資材製造機械	コンクリートプラント アスファルトプラント
穀物用製粉機	
木材加工機械	ドラムバーカー チッパー 砕木機 帯のこ盤 丸のこ盤 かんな盤
抄紙機	
印刷機械	
合成樹脂用射出成形機	
鋳型造型機	

特定施設ごとに、型式や規模の要件が定められている。
騒音規制法施行令（昭和43年政令第324号）別表第1を参照のこと。

イ　特定建設作業に対する騒音規制

建設工事として行われる作業のうち、騒音規制法に定める著しく騒音を発する作業（特定建設作業）（表2-13）を伴う建設工事を施工しようとするときは、7日前までの届出、敷地境界における騒音の基準値等が定められている。

▶表2-13　騒音規制法に規定する特定建設作業

くい打機、くい抜機又はくい打くい抜機を使用する作業
びょう打機を使用する作業
さく岩機を使用する作業
空気圧縮機を使用する作業
コンクリートプラント又はアスファルトプラントを設けて行う作業
バックホウを使用する作業
トラクターショベルを使用する作業
ブルドーザーを使用する作業

特定建設作業ごとに、機械の型式や規模の要件が定められている。
騒音規制法施行令別表第２を参照のこと。

また、国土交通省が定める「建設工事に伴う騒音振動対策技術指針」においては、建設工事の設計に当たって、低騒音の施工法の選択、低騒音型建設機械の選択、作業時間帯、作業工程の設定、騒音源となる建設機械の配置、遮音施設等の設置について検討することや、施工に当たって、建設機械等の点検整備等を行い整備不良による騒音防止等を定めている。

国土交通省では、騒音が相当程度軽減された建設機械を低騒音型建設機械として指定を行い、一定の工事に対し指定を受けた機械の使用を推進している。

▶表2-14　低騒音型建設機械の騒音基準値

機　種	騒音基準値（dB）
ブルドーザー	102/105
バックホウ	99/104/106
ドラグライン クラムシェル	100/104/107
トラクターショベル	102/104/107
クローラクレーン トラッククレーン ホイールクレーン	100/103/107
バイブロハンマー	107
油圧式杭抜機 油圧式鋼管圧入・引抜機 油圧式杭圧入引抜機	98/102/104
アースオーガー	100/104/107
オールケーシング掘削機	100/104/105/107
アースドリル	100/104/107
さく岩機（コンクリートブレーカー）	106
ロードローラー タイヤローラー 振動ローラー	101/104
コンクリートポンプ（車）	100/103/107
コンクリート圧砕機	99/103/106/107
アスファルトフィニッシャー	101/105/107
コンクリートカッター	106
空気圧縮機	101/105
発動発電機	98/102

出典：低騒音型・低振動型建設機械の指定に関する規程（平成９年建設省告示第 1536 号）

3 騒音の発生源対策

騒音対策としては、騒音発生源対策、伝ぱ経路対策、受音者対策の3つがある。ここでは、騒音発生源対策、伝ぱ経路対策について具体的に解説する。

まず、騒音の発生源に対して行う根本的騒音対策が必要である。大型の機器の場合、設置後の対策では大きな費用が掛かることが多いので、設置時に対策を行うことが大切である。

音の発生は、大きく分類すると、「物体の振動による音」「気体が高速で噴出するとき等に発生する音」「衝突や爆発による衝撃音」に分けられる。以下に、それぞれの基礎知識と騒音対策を述べる。

(1) 物体の振動による音

物体の振動が、その物体に接する空気を振動させ、音を発生させる。例えば、ハンマーで金属板を叩くと、そのエネルギーによって金属板は振動する。この振動が、金属板に接する空気を振動させて音となる。

エンジン等の回転機械であれば、発生する振動が床等に伝わり、接する空気を振動させて音になる（固体伝ぱ音）。建物のどこに伝ぱして音になるかは複雑で、制御が困難である。そのため、「物体の振動による音」に対する騒音対策は、これらの振動源が発する振動を遮断する対策が主になる。

以下に、対策の具体例を示す。

① **防振材を入れる**

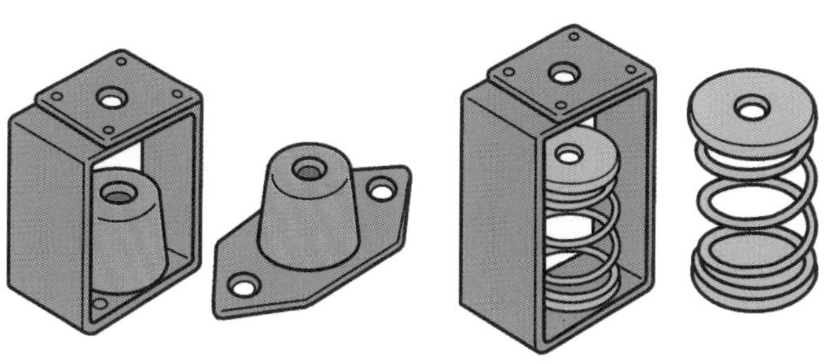

▶図2-8 防振ゴム、スプリングアイソレータ
出典：OSHA Technical Manua（一部改変）

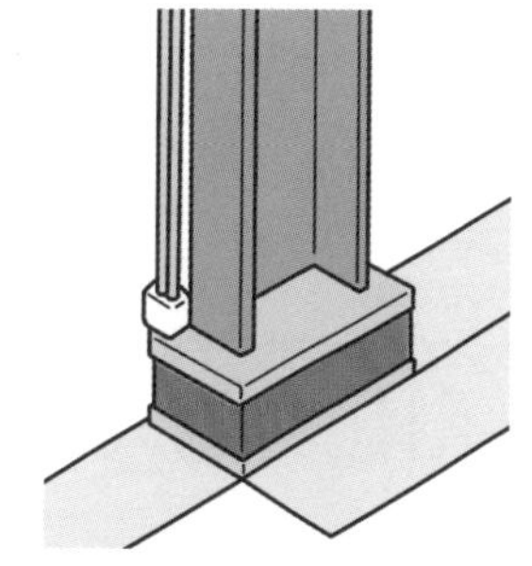

▶図2-9 防振ゴム
出典：ゲッツナー社（HPより一部改変）

図2-10は、のこ刃にできるだけ大きな直径の制振材を取り付けることで刃の振動を抑制する対策である。

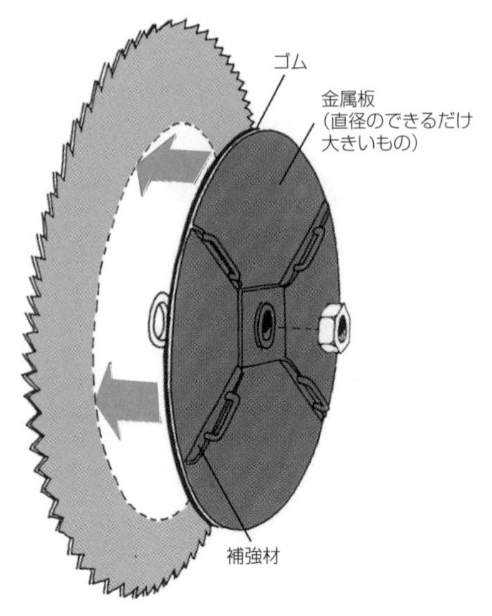

▶図2-10　制振材の取付けで刃の振動を抑制

出典：OSHA Technical Manual

② 仕事の工程を見直す

図2-11のように、工程は異なっていても作業の結果は同じ場合がある。打撃を減らし、振動を減らす工程を検討する。

図2-12は、材料の落下する高さを減少するようにコンベヤーを移動した例である。

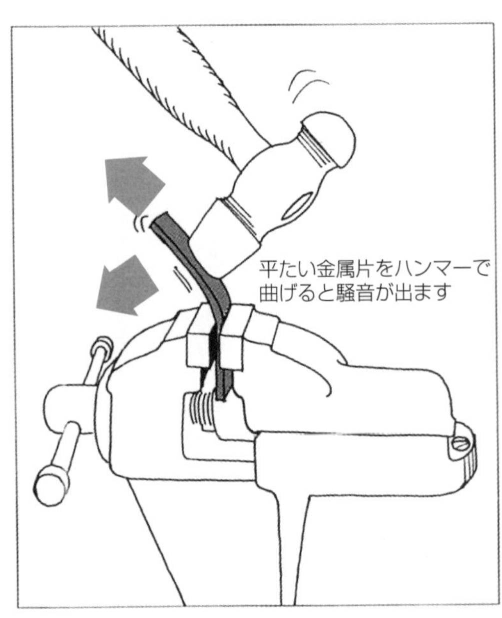

平たい金属片をハンマーで
曲げると騒音が出ます

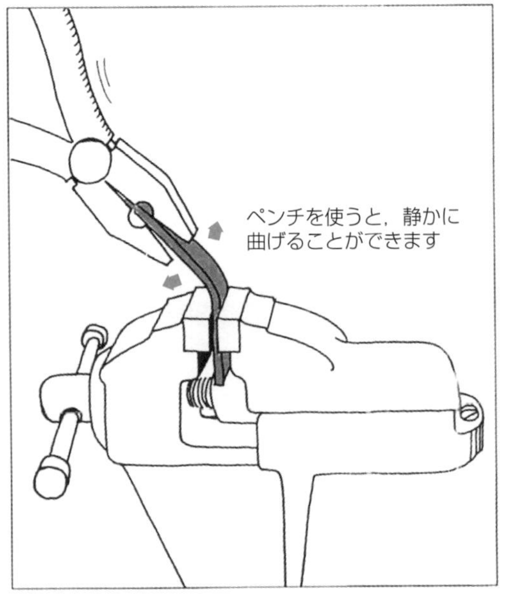

ペンチを使うと，静かに
曲げることができます

▶図2-11　工程の検討

出典：「イラストで見る　よくわかる騒音」中央労働災害防止協会、2020

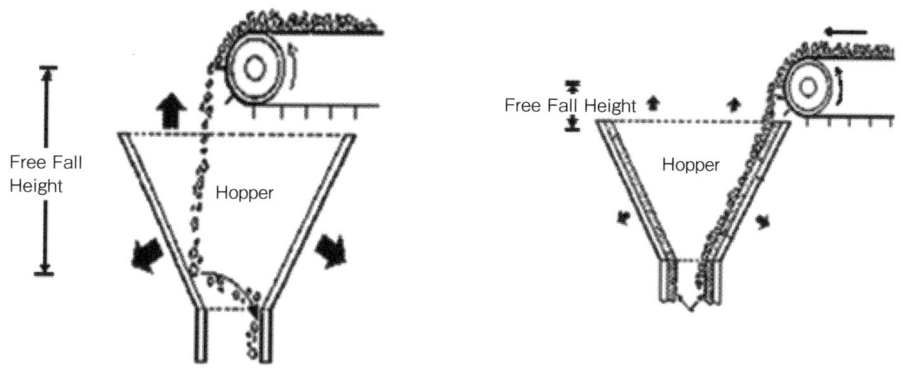

▶図2-12　材料が落下する距離を減少するように見直した例

出典：ブリューエルケアー , *Noise control, Principles and Practice*、1982

③　**機械の点検を行い異常な振動を防ぐ**

当たり前ではあるが、機器をきちんと保守し、異常振動などが発生しないようにすることが重要である。

（2）気体が高速で噴出するとき等に発生する音

前記の音源の振動と異なり、空気力学的原因によるもので、身近なものではスプレー缶から発生する音などがそうである。気体の流れの中に発生する渦によって音が発生する。

以下に、対策の具体例を示す。

①　**消音器を設置する**

マフラー、サイレンサーと呼ばれるものである（図2-13、2-14）。

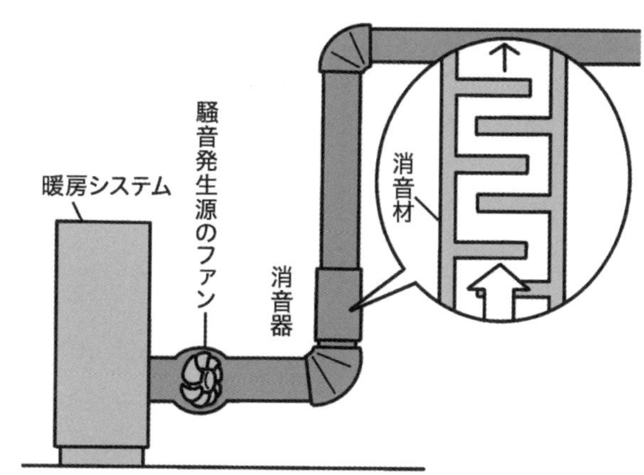

▶図2-13　消音器の例

出典：「騒音障害を防ぐ」（中央労働災害防止協会）、2019（一部改変）

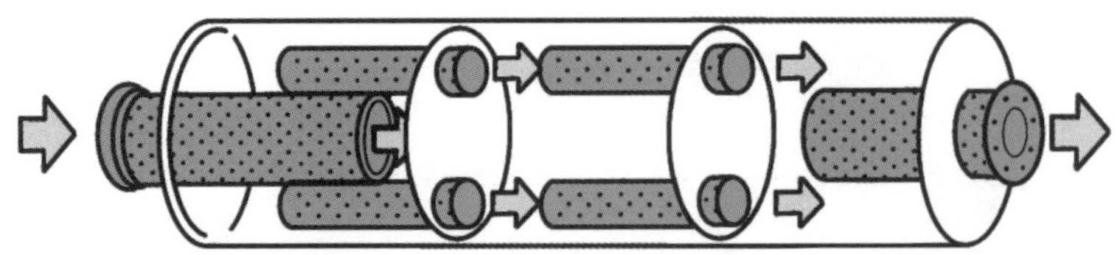

▶図2-14　消音器の例　出典：OSHA Technical Manual（一部改変）

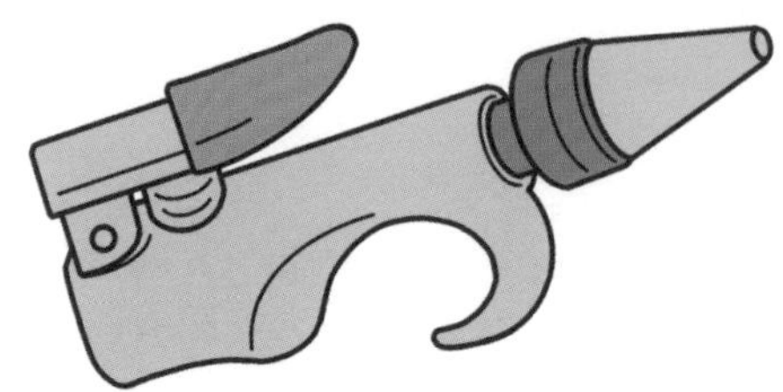

▶図2-15　低騒音ノズル　出典：OSHA Technical Manual（一部改変）

② 低騒音の先端工具を使用する

手持ち工具には、低騒音の先端工具が数多く販売されている。性能、作業性、そして、騒音低減効果との兼ね合いで最適なものを選ぶ（図2-15）。

（3）衝突や爆発による衝撃音

動力プレス、鋲打ち機、はつり機、コンクリートブレーカーなどの物体の衝突に起因する音、また、体積の急激な変化による騒音の放射（爆発等）のような衝撃音の場合、発生源を制御することは困難なことが多いため、伝ぱ経路対策（遮音・吸音）と受音者対策が有効である。

4　伝ぱ経路対策

音源対策を行ってもまだ不十分な場合は、音が作業者に伝わるまでの伝ぱ経路の中で騒音を低減させる必要がある。以下に、音の物理現象別に対策を述べる。

（1）音の距離減衰

第1章で述べたように、音源から離れるに従って、測定場所の音圧レベルは小さくなる。点音源の場合、点音源からの距離が2倍になると音の強さは6dB 減衰する。ただし、反射があると減衰量は少なくなる。

<騒音対策の具体例>

屋外作業場で反射が少ない場所であれば、可能なら音源から離れて作業を行い、ばく露を減らす対策がとれる。

屋内作業場の場合は、床、壁、天井などの反射があるため、減衰量は少なくなる。

（2）干渉

２つ以上の波が重ね合わさって、ある場所では常に強め合い、また、別の場所では常に弱め合う現象を波の「干渉」という。位相が同じなら大きくなり、逆なら小さくなる。

<騒音対策の具体例>

対策を施していないコンクリート等の固い床、壁、天井は、音を良く反射する。反射した音同士が干渉を起こし、位相が同じときは強め合い、位相が逆の場合は弱め合う。騒音の周波数帯域がほぼ一定であれば、作業場によって音が大きくなったり弱くなったりする場所が存在する。反射しやすい材料の表面に吸音材を設置して反射を防ぎ、吸音による減衰によって干渉を起こしにくくできる。

（3）回折

波は物体の端から入り込み、物体の裏側へも伝わっていく。このような現象を波の「回折」という。

<騒音対策の具体例>

騒音の伝ぱ経路を遮断するようなついたてがあっても、回折現象によって音が回り込むことがある。ついたての高さや張り付ける吸音材の調整を行う必要がある。

（4）反射・吸収・透過

反射・吸収・透過の意味を理解し、正しい騒音対策を行う。音が壁などの材料に到達したときに、反射、吸収、透過が起こる（図2-16）。

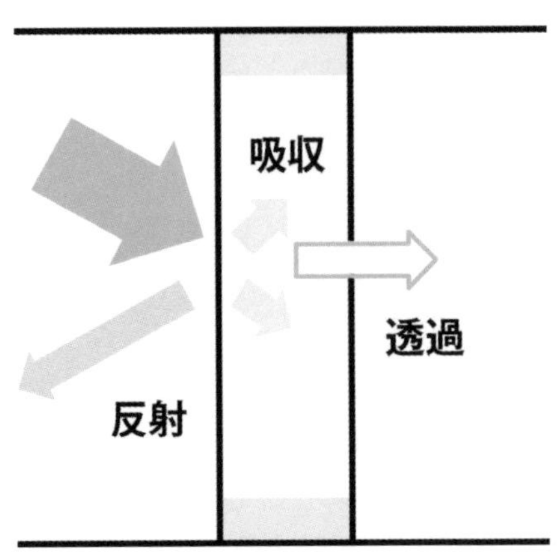

▶図2-16　反射・吸収・透過
出典：井上仁郎「騒音職場の作業環境測定・評価と対策（1）」、作業環境、2016

① 隙間

音は、隙間を通っていくので、壁と天井の間の隙間や、ダクト等があると、そこから音が伝わる。厚いコンクリート壁であっても、隙間の存在によって思ったより遮音効果が上がらないことがある。

② 吸音と遮音

騒音源から出る音を壁や床で遮断する場合、吸音と遮音を混同しないようにする必要がある。音が物体に当たると，一部は反射するが残りは吸収・透過する。

吸音は、グラスウールなどの吸音材にある多数の隙間に音が入り込んで、音のエネルギーを熱に変換し、音の反射を減らす。吸音材は、反射は少ないが、多孔質材が多いため透過も起こる。

遮音は音の透過を防ぐことであるため、吸音材は遮音材にならない。多くの場合遮音材と吸音材は組み合わせて使用されることが多い。

遮音材については、一般に重い材料ほど効果があり、周波数が高いほど遮音性能が良くなる（質量則）。壁を二重にし、その間に吸音材を挿入することも効果的である。ただし、囲い込んで遮音をする場合は、共鳴する空間を作ってしまう可能性があるので、隙間を作らないようにするとともに、設計に注意を払う必要がある。

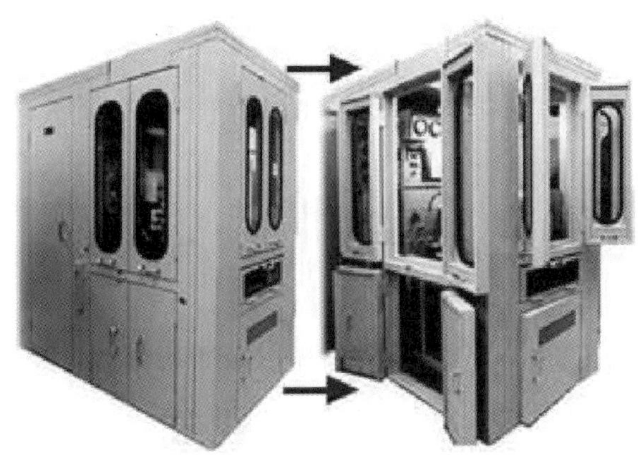

▶写真2-1　機器の密閉化の例、操作時に開く
出典：OSHA Technical Manual

<騒音対策の具体例>

密閉化の例として、変形しにくい材料で囲んだり、二重に囲んで、空気の層を入れて密閉すると効果的である。写真2-1のように、常に操作が必要でなければ、機器を密閉化し、必要な時に開くことで騒音対策が可能となる。

完全に密閉できない機器の場合も部分的に密閉することで騒音の低減を図ることができる（図2-17）。

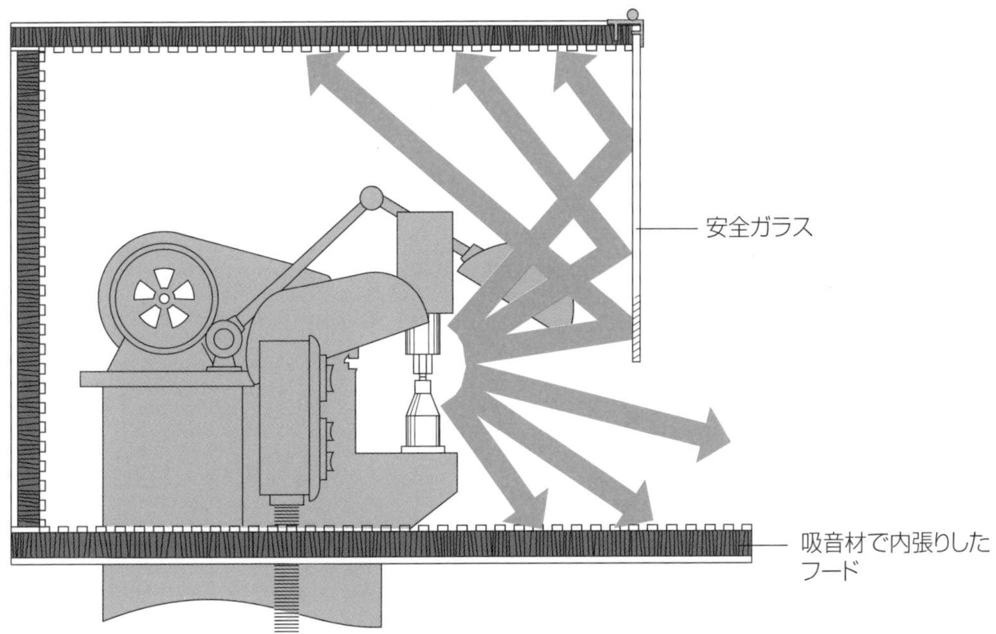

▶図2-17　部分的な密閉。内側での反射を防ぐために吸音材を張り付けておく
出典：「イラストで見るよくわかる騒音」中央労働災害防止協会、2020

吸音に関しては、床、壁、天井に吸音材を設置することで反射を防ぐ。

ついたては、音源の近くに設置し、反射が予想されるついたて本体、天井、壁に吸音材を張り付けると効果的である。

受音者対策に近い対策ではあるが、写真2-2のように、作業者がいる場所への騒音の伝ぱ経路を遮断する方法も可能である。

▶写真2-2　多人数の制御室

出典：OSHA Technical Manual

(5) 音源対策の限界

騒音源が小さい場合、現場作業者に防振対策や密閉化の工作を手伝ってもらい、安価に対策可能な場合もある。しかしながら、多くの巨大な騒音源の事後の対策は、莫大な費用が発生することが多い。設置時に、低騒音の設計をする音源対策が経済的にも効果的である。

第3章
聴覚保護具の使用および作業方法の改善

学習のポイント

聴覚保護具の種類ごとの特性とその性能について知り、作業に応じた聴覚保護具の選択、使用、管理について学ぶ。また、作業方法の改善についても学習する。

騒音源とその伝ぱ経路への工学的対策や作業方法の改善を実施しても、作業環境の騒音レベルを十分に低減できない場合、次善の策として聴覚保護具の使用を検討する。

聴覚保護具は、耳全体を覆う、または耳の穴（外耳道）をふさぐことにより、作業環境の騒音が着用者の耳に到達するレベルを下げ、聴覚を保護するものである。これまで、聴覚保護具の種類、性能、構造はJIS T 8161で規定されていたが、令和2年の改正において、国際規格（ISO 4869-1:2018およびISO 4869-2:2018）との整合が図られ、従来の「性能規格」から「方法規格」へ大きく変更が行われた。旧JISでは1種（EP1）、2種（EP2）といった防音保護具の性能区分があったが、これが廃止となり、名称も防音保護具から聴覚保護具へと変更された。

新しいJIS T 8161-1「聴覚保護具－第1部：遮音値の主観的測定方法」では、遮音値の測定方法が定められ、JIS T 8161-2「聴覚保護具－第2部：着用時の実効A特性重み付け音圧レベルの推定」において、正しく装着した際に着用者に聞こえる音の大きさの推定方法が定められた。

聴覚保護具を効果的に使うためには、その種類と特徴をよく理解し、作業内容と騒音の大きさに応じた遮音レベルのものを選択し、正しく着用することが大切である。

1　聴覚保護具の分類

聴覚保護具には、非電気式のパッシブタイプと電気式のアクティブタイプがある。それぞれに、耳の穴に挿入する耳栓と耳全体を覆う耳覆い（イヤーマフ）に分類される（図3-1）。

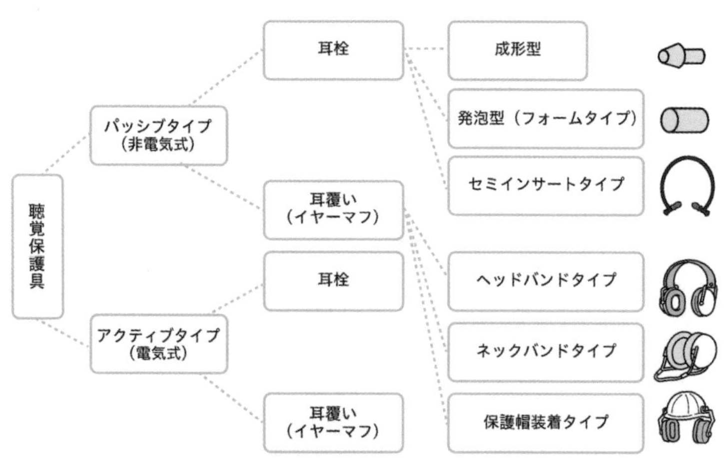

▶図3-1　聴覚保護具の分類

2 聴覚保護具の種類

（1）耳栓（パッシブタイプ）

ア　成形型（図 3-2）

a　定義

成形型は軟質プラスチックなどの素材を一定の形に成形したもので、そのまま耳の穴に挿入し、遮音を得る耳栓である。

▶図3-2　成形型

b　特徴

成形型は、使用する素材や構造により、低遮音から高遮音まで幅広い遮音性能のものがある。このタイプは、形がある程度決まっているため、着用者の耳の穴に合ったデザインや大きさのものを選択する。

耳の穴の大きさは個人差があるので、着用者の耳の穴によくなじみ、着用中に著しい不快感（圧迫感、痛みなど）がなく、容易に脱落しないものを選択する。ある程度の時間、連続の装着をして、自身の耳に合った大きさやデザインの耳栓を選ぶことが好ましい。

c　保守管理

汚れた耳栓を使用すると、炎症などを起こすおそれがあるので、使用後は適度な濃度の中性洗剤で傷をつけないように洗う。汚れがひどくなり、皮脂などで変形や硬化などが起こった場合は、十分な遮音性能が得られないことがあるので交換する。

使用後は清潔にして、ケースに入れて保管をする。

イ　発泡型（図 3-3）

a　定義

発泡型は、指で細く丸めて外耳道に挿入し、素材が元の大きさに復元し耳の穴をふさぐことで遮音を得る耳栓である。素材にはウレタンフォームなどの粘性発泡素材が使用されている。

最近は、ウレタンフォームなどの発泡素材にプラスチック製の挿入ジグが付いた発泡型の耳栓もある。このタイプは、成形型と同様にそのまま耳の穴に挿入し、遮音を得る耳栓である。

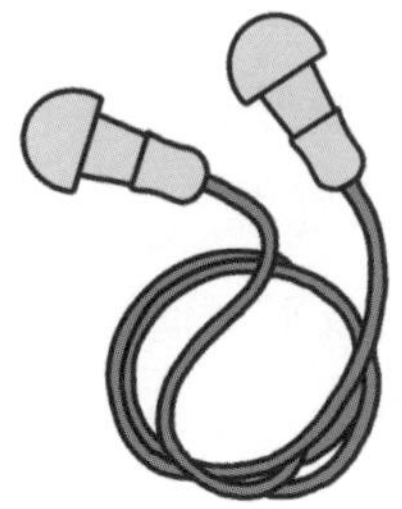

▶図3-3　発泡型

b　特徴

発泡型は、正しく装着することで、高い遮音性能を得ることができる。このタイプは、その挿入に訓練が必要であり、実際の遮音性能は、装着状態によって大きく変わる。耳栓を浅く挿入すると、着用中に耳栓が緩むことで遮音性能が低くなってしまう場合もあるので、しっかり挿入することが大切である。正しく装着すると、着用者の耳の穴によくなじみ、不快感も少なく着用することができる。

発泡型は、耳栓を指で細く丸める過程で、手の汚れが耳栓に付着するので、装着時は手をきれいにしておく必要がある。また、発泡型の多くは使い捨てであり、汚れた場合に洗っての再使用はできない。

プラスチック製の挿入ジグが付いた発泡型の耳栓は、本体を細く丸めることなく、挿入ジグによりそのまま耳の穴に挿入する。このタイプは、着用者の耳の穴によくなじみ、着用中に著しい不快感（圧迫感、痛みなど）がない。着用に当たっては、容易に脱落しないものを選択する。また、ある程度の時間、連続の装着をして、自身の耳に合った大きさやデザインの耳栓を選ぶことが好ましい。

c　保守管理

発泡型の多くは使い捨てである。耳栓に、欠けや亀裂がある、あるいは柔らかさ（弾力性）がなくなる、汚れがある場合は再使用をしない。

ウ　セミインサートタイプ（図3-4）

a　定義

セミインサートタイプは、プラスチック製のバンド等の端部に、耳栓（成形型あるいは発泡型）を取り付けたもので、バンド等の弾性を利用して、耳栓をそのまま耳の穴に押し当てることで遮音性能を得る耳栓である。

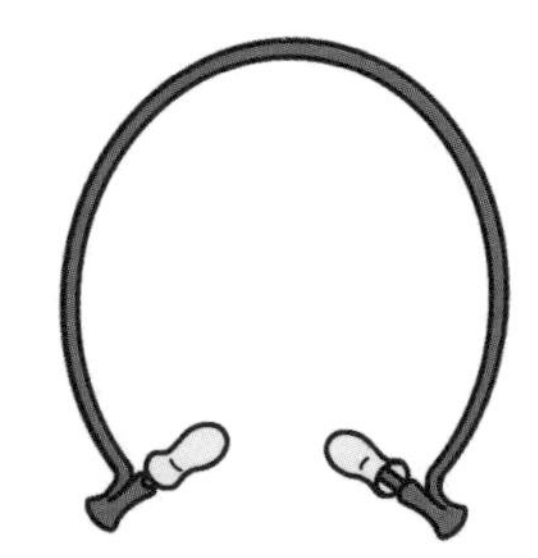

▶図3-4　セミインサートタイプ

b　特徴

セミインサートタイプは、騒音作業場と非該当の職場を行き来する場合や、耳栓の着脱間隔が短く、繰り返し使用する場合などに選択する。

c　保守管理

汚れた耳栓を使用すると、炎症などを起こすおそれがあるので、耳栓部分が成形型のものは、使用後は適度な濃度の中性洗剤で傷を付けないように洗う。耳栓部分が発泡型のものは、欠けや亀裂がある、あるいは柔らかさ（弾力性）がなくなる、汚れがある場合は、新しいものと交換する。バンドの破損、その弾性が低下した場合は廃棄する。

（2）耳覆い（イヤーマフ）（パッシブタイプ）

ア　ヘッドバンドタイプ（図3-5）

a　定義

ヘッドバンドタイプは、ヘッドバンドの弾性により吸音材を内装したカップを耳の外周に押し当て、遮音を得るものである。

▶図3-5　ヘッドバンドタイプ

b　特徴

耳覆い（イヤーマフ）は装着が比較的簡単で、耳全体を覆う構造のため、装着による遮音のばらつきが少なく、表示された数値に近い遮音性能を得ることが期待できる。このタイプは保護帽との併用はできない。

c　保守管理

使用後はカップを軽く湿らせた布で清掃する。皮脂等でクッション部が変形したものは、十分な遮音性能が得られないため交換する。使用後は清潔にし、保管箱などに入れて保管する。保管に際しては、クッション部分が変形しないように気を付ける。バンドが破損、その弾性が低下した場合は使用しない。

イ　ネックバンドタイプ（図3-6）

a　定義

ネックバンドタイプは、ネックバンドの弾性により吸音材を内装したカップを耳の外周に押し当て遮音を得るものである。カップのずれを防止するためにヘッドストラップが付いたものもある。

b　特徴

耳覆い（イヤーマフ）は装着が比較的簡単で、耳全体を覆う構造のため、装着による遮音のばらつきが少なく、表示された数値に近い遮音性能を得ることが期待できる。保護帽と併用する際は、保護帽との干渉による遮音性能低下に注意する。

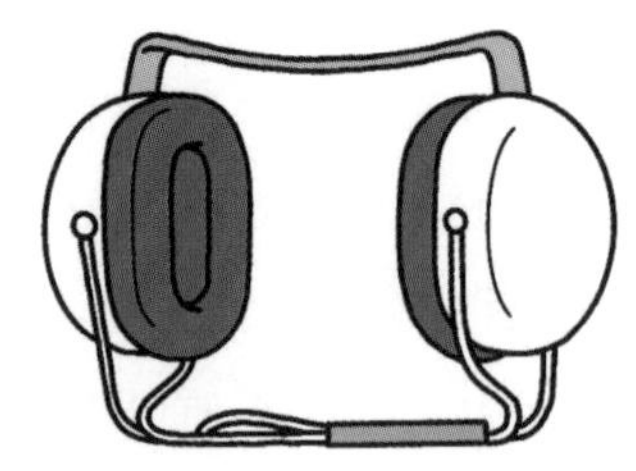

▶図3-6　ネックバンドタイプ（ヘッドストラップ付き）

c　保守管理

使用後はカップを軽く湿らせた布で清掃する。皮脂等でクッション部が変形したものは、十分な遮音性能が得られないため交換する。使用後は清潔にし、保管箱などに入れて保管する。保管に際しては、クッション部分が変形しないように気を付ける。バンドが破損、その弾性が低下した場合は使用しない。

ウ　保護帽装着タイプ（図3-7）

a　定義

保護帽装着タイプは、スプリングの弾性により吸音材が内装しているカップを耳の外周に押し当てることで遮音を得るものである。

▶図3-7　保護帽装着タイプ

b　特徴

耳覆い（イヤーマフ）は装着が比較的簡単で、耳全体を覆う構造のため、装着による遮音のばらつきが少なく、表示された数値に近い遮音性能を得ることが期待できる。取り付けることができる保護帽を確認する必要がある。

c　保守管理

使用後はカップを軽く湿らせた布で清掃する。皮脂等でクッション部が変形したものは、十分な遮音性能が得られないため交換する。使用後は清潔にし、保管箱などに入れて保管する。保管に際しては、クッション部分が変形しないように気を付ける。スプリングが破損、その弾性が低下した場合は使用しない。

（3）耳栓および耳覆い（イヤーマフ）（アクティブタイプ）

アクティブタイプ（電気式）は、聴覚保護具にバッテリー、集音マイク、スピーカ等を加えることで、騒音職場において、会話を容易にする、あるいは外部通信機器などと接続してコミュニケーションを可能とするものである。

特定の騒音と同じ波形の逆位相の信号を生成する「アクティブノイズキャンセリング」もある。

ア　レベルディペンデント型

a　定義

レベルディペンデント型は、集音マイクを通して外部音を聞き、外部の騒音レベルに応じて、内部に聞こえる音をコントロールするものである。

b　特徴

集音マイクを通して外部音が聞こえ、外部の騒音レベルに応じて、内部で聞こえる音をコントロールするため、会話が容易となる。例えば、外部の騒音レベルが85 dBの場合は、集音マイクを通して82 dBの大きさで音が聞こえる。また、会話マイクを取り付けることで会話が可能となるもの、無線機や携帯電話などと接続し音声が聞けるものもある。

レベルディペンデント型の耳栓は、パッシブ型の耳栓と同様に、着用者の耳の穴によくなじみ、使用中に著しい不快感（圧迫感、痛みなど）がない。着用に当たっては、容易に脱落しないものを選択する。

c　保守管理

耳栓型の場合、汚れた耳栓の使用は炎症などを起こすおそれがあるので、使用後は軽く湿らせた布で清掃する。充電などに問題がある場合、綿棒を使った充電接点の清掃が必要となる場合がある。充電を必要に応じて実施し、バッテリーの管理を行う。

耳覆い（イヤーマフ）型の場合、使用後はクッションを軽く湿らせた布で清掃する。皮脂等でクッション部が変形したものは、十分な遮音性能が得られないため交換する。使用後は清潔にし、保管箱などに入れて保管する。保管に際しては、クッション部分が変形しないように気を付ける。バンドが破損、その弾性が低下した場合は使用しない。

汚れや皮脂などで変形や硬化したものは、十分な遮音性能が得られないので交換する。

3　聴覚保護具の選択

聴覚保護具の選択は次の流れで実施する。

① 作業内容、併用する保護具などを考慮して、適切な聴覚保護具の種類を検討する。

② 作業環境の騒音の大きさと、聴覚保護具に表示された遮音性能から、正しく装着した際に着用者に聞こえる音の大きさを推定する。

③ 推定した結果から、適切な遮音レベルの聴覚保護具を選択する。

(1) 聴覚保護具着用時に聞こえる音の大きさの推定

聴覚保護具を正しく装着した際に着用者に聞こえる音の大きさの推定には、JIS T 8161-2「聴覚保護具－第2部：着用時の実効A特性重み付け音圧レベルの推定」に定められた方法を用いる。JISの推定方法には、オクターブバンド法、HML法、SNR法の3つがある。

この推定には、騒音の測定結果（C特性重み付け音圧レベル・A特性重み付け音圧レベル）と聴覚保護具に表示された遮音性能値を使う。聴覚保護具には、表3-1に示すような表示が実施されている。

▶表3-1　JIS T 8161-2：2020に基づく遮音性能の表示例

耳栓遮音性能（JIS T 8161-2：2020による遮音性能より）

周波数（Hz）	125	250	500	1,000	2,000	4,000	8,000
平均遮音値（dB）	33.1	36.3	38.4	38.7	39.7	48.3	44.4
標準偏差（dB）	5.0	7.4	6.2	5.6	5.3	4.5	4.4
想定保護値 APVf（dB）	28.1	28.9	32.2	33.1	35.4	43.8	40.0

SNR=37dB
高域周波遮音値 H＝37dB、中域周波遮音値 M＝34dB、低域周波遮音値 L＝31dB

ア　SNR法

SNR法は最も簡便な推定方法である。SNRとは、複数のオクターブバンド遮音データから計算される単一の遮音性能を表す数値である。

例えば、騒音の測定結果（C特性重み付け音圧レベル）が95dBの場合、SNR

値が20 dBと表示された耳栓では、次のような簡単な計算で、着用時に聞こえる音の大きさを求めることができる。

95 dB（C特性重み付け音圧レベル）－ 20 dB（*SNR*）＝ 75 dB

（A特性重み付け音圧レベル）

この結果は、騒音環境95 dBにおいて、さまざまな人々によってこの聴覚保護具が正しく着用されたとき、それらの人々の84％は、聞こえる音の大きさが75 dB（A特性重み付け音圧レベル）以下になるということを示している。

イ　HML法

HML法では、騒音の測定結果（A特性重み付け音圧レベルおよびC特性重み付け音圧レベル）と、聴覚保護具に表示されたH、M、Lの数値から、次のステップで、聴覚保護具着用時に聞こえる音の大きさを求めることができる。

① C特性重み付け音圧レベルとA特性重み付け音圧レベルの差を求める。

② 次に、予測騒音レベル低減量（PNR）を求める。計算式は①の結果からAもしくはBを選択する。

計算した音圧レベルの差が2 dB以下の場合（式A）

$$PNR = M - \frac{H-M}{4} \times (\text{計算した音圧レベルの差} - 2)$$

計算した音圧レベルの差が2 dBを超える場合（式B）

$$PNR = M - \frac{H-L}{8} \times (\text{計算した音圧レベルの差} - 2)$$

③ A特性重み付け音圧レベルから、上記で求めたPNRを引いた値が着用時に聞こえる音の大きさとなる。

例えば、騒音の測定結果が96 dB（C特性重み付け音圧レベル）および95 dB（A特性重み付け音圧レベル）の場合、HML値がH＝26 dB、M＝24 dB、L＝22 dBと表示された耳栓では次のような計算となる。

(a) C特性重み付け音圧レベルとA特性重み付け音圧レベルの差を求める。

96（C特性重み付け音圧レベル）－ 95（A特性重み付け音圧レベル）＝ 1

音圧レベルの差が1 dBとなるので、予測騒音レベル低減量（PNR）は式Aを使う。

(b) 予測騒音レベル低減量（PNR）を求める。

$$PNR = M - \frac{H-M}{4} \times (\text{計算した音圧レベルの差} - 2)$$

$$= 24 - \frac{26-24}{4} \times (1-2) = 24.5$$

(c) 実効A特性重み付け音圧レベル（着用時に聞こえる音の大きさ）を求める。

95（A特性重み付け音圧レベル） − 24.5（PNR） = 70.5 dB

求めた値は四捨五入による整数表示により71 dBとなる。この結果は、騒音環境において、さまざまな人によって聴覚保護具が正しく着用されたときに、それらの人々の84％は、聞こえる音の大きさが71 dB以下になることを示している。

なお、(a) に示した計算結果が2 dB未満となる場合は高・中周波域の騒音が多く、2 dBを超える場合は低周波域の騒音が多いことを示している。

ウ　オクターブバンド法

オクターブバンド法による推定には，騒音の周波数ごとの音圧レベルと使用する聴覚保護具の周波数ごとの遮音性能データが必要となる。この方法は、騒音を特定して行うため、最も正確な方法と考えることができる。JIS T 8161-2: 2020の付属書AおよびBに詳しい計算方法の例が示されている。

(2) 作業環境の騒音の大きさと適切な遮音レベルの聴覚保護具

聴覚保護具の選定では、作業環境の騒音の大きさに応じた適切な遮音レベルのものを選定する必要がある。例えば、作業環境の騒音の大きさに対して、遮音値が必要以上に大きい聴覚保護具を選定すると、周囲の音、警報音、会話などが聞きとりにくくなってしまう可能性がある。

聴覚保護具の選択の目安としては、前述した聴覚保護具着用時に聞こえる音の大きさの推定値が、概ね70 dBから80 dBの範囲に収まるようにするとよい。

騒音の測定結果がA特性重み付け音圧レベルのみで、C特性重み付け音圧レベルの結果が分らない場合は、前述した聴覚保護具着用時に聞こえる音の大きさの推定ができない。この場合は、次の表（**表3-2**）を参考にして聴覚保護具の選定を行うとよい。この方法は、英国のHSE（Health and Safety Executive）が示しているものであるが、プレス機、ボイラー室、発電機などの低周波域が多い騒音環境下での推定には向かないので注意する必要がある。

▶表 3-2　環境騒音に応じた SNR 値の選択基準

騒音職場の A 特性重み付け音圧レベル（dB）	聴覚保護具の選択すべき SNR 値
85 ～ 90	20 以下
90 ～ 95	20 ～ 30
95 ～ 100	25 ～ 35
100 ～ 105	30 以上

林業の伐木作業や建設業の道路工事など、安全確保のために周囲の音を聞く必要がある作業、会話が必要な作業の場合は、遮音値が必要以上に大きい聴覚保護具を選定すると、周囲の音や会話が聞き取りにくくなるため、遮音値を抑えた聴覚保護具を選択するようにする。

ハンマーを用いた金属の打撃、成型の業務を行う屋内作業場、建物や壁等で囲まれた狭あいな作業場で衝撃音が伴う作業を行う場合は、等価騒音レベルが 85 dB 未満であっても騒音レベルの低減が必要となることがある。

騒音レベルが 105 dB 以上となるような強烈な騒音がある場所では、耳栓と耳覆い（イヤーマフ）を併用する。耳覆い（イヤーマフ）と併用する耳栓は、指で細く丸めて挿入する発泡型が好ましい。

<聴覚保護具の着用方法>

(1) 耳栓

耳の穴は、中に進むにつれてS字状に曲がっているので、装着する耳の反対側の手を頭の後ろから回し、耳の上部を後上方にひっぱり上げて、耳の穴をまっすぐにした状態で挿入する（図3-8）。耳栓をはずせなくなるほど深く挿入しない。

▶図3-8　耳栓の入れ方

装着したら、軽く耳栓を引っ張り、簡単に動かないことを確認する。簡単に動く場合は、いったん耳栓を外し、少し深めに挿入してみる。

取り外す時は耳を傷める可能性があるので、勢いよく引っ張らずに、ゆっくり回しながら外す。

ア　成形型と柄付き発泡型

耳栓の柄の部分を持ち、耳栓の先端を軽くねじりながら耳の穴に押し入れる（図3-9）。柄の部分は耳の外側に残しておく。

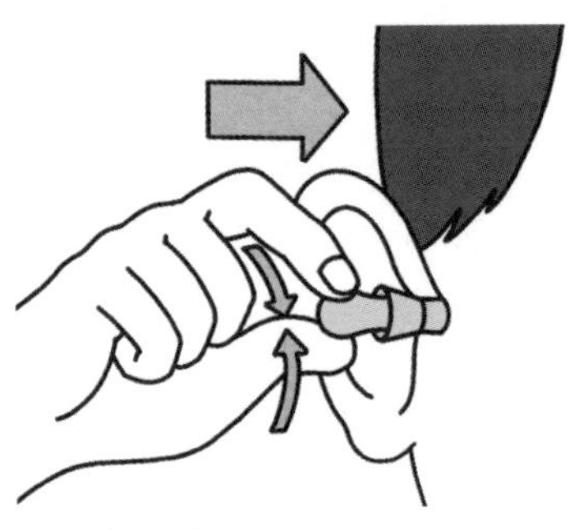

▶図3-9　成形型の入れ方

イ　発泡型

指で耳栓を細く丸めながら、耳の穴の適正な位置まで挿入する（図3-10）。耳栓が膨らむまで指先で耳栓を軽く押さえておく。耳栓を外せなくなるほど深く挿入しない。

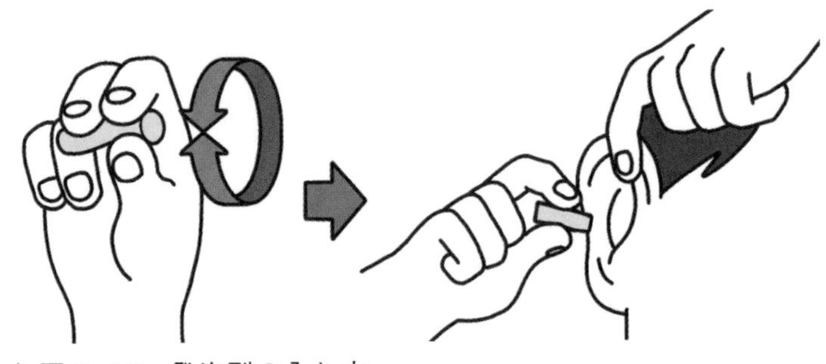

▶図3-10　発泡型の入れ方

ウ　セミインサート型

バンドに取り付けられた耳栓の先端を耳の穴に押し入れ、柄の部分は外側に残しておく。耳栓をはずせなくなるほど深く挿入しない。

（2）耳覆い（イヤーマフ）

ア　ヘッドバンド型

ヘッドバンドの調整部分を十分に伸ばし、ヘッドバンドを頭の上にかけて、カップ部分が耳を完全に覆うように着け、片手でヘッドバンドを押さえながらカップ部分を動かして、ヘッドバンドが頭にフィットするようにヘッドバンドの長さを調節する（図3-11）。

▶図3-11　ヘッドバンド型

イ　ネックバンド型

ネックバンドが首の後ろに位置するようにして、カップ部分が耳を完全に覆うように装着する。ヘッドストラップがあるものは、カップが完全に耳を覆い安定するように長さを調節する。

ウ　保護帽装着型

保護帽に耳覆い（イヤーマフ）を取り付ける。保護帽を装着し、その後耳覆い（イヤーマフ）を耳に装着する。カップ部分が耳を完全に覆うようにスプリングの長さなどを調整する。

＜聴覚保護具の効果確認＞

聴覚保護具を着用したら、その装着状態と効果の確認を実施する。正しく装着した状態を確認し、その聞こえ方を着用者自身が感じ理解することで、日々の作業において聴覚保護具を正しく装着することにつながっていく。

（1） 管理者が行う確認方法

耳栓は、十分に耳の穴に挿入されているか、耳覆い（イヤーマフ）カップと耳周辺の間に隙間がないかを目視等で確認する（図3-12）。

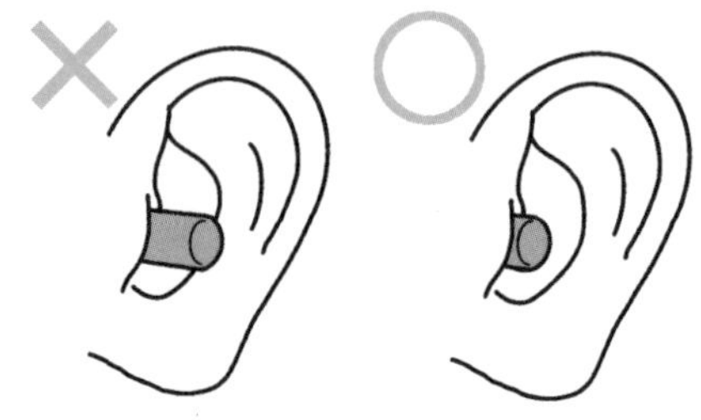

▶図3-12　管理者による目視確認

（2） 着用者自身が行う確認方法

自分の声とそれ以外の音を聞き、自分の声が大きく聞こえ、周辺の音が小さく聞こえることを確認する（図3-13）。

耳栓の場合は、手のひらで耳全体を覆い、その後手のひらを外すことを繰り返し、周辺の音の聞こえ方に違いがないかを確認する。音の聞こえ方に大きな違いがある場合は、装着が不十分である可能性が高いので、いったん耳栓を取り外して再度装着を行う。

▶図3-13　着用者自身による確認方法

（3） 測定機器を使う確認方法（フィットテスト）

聴覚保護具の実際の遮音性能は、その装着状態によって大きく変わる。このため、実際の遮音性能を作業者ごとに確認をすることが最も正確で望ましい。

フィットテストは、専用の測定機器を使って実施する。最小可聴閾を測定する

▶図3-14　最小可聴閾を測定する機器

方法（図 3-14）と聴覚保護具内外の音圧差を測定する方法がある（図 3-15）。

フィットテストでは、実際の遮音性能が数値で示されるため、十分な遮音性能が確保できているか、必要以上に過大な遮音となっていないか、などを着用者ごとに確認できる。

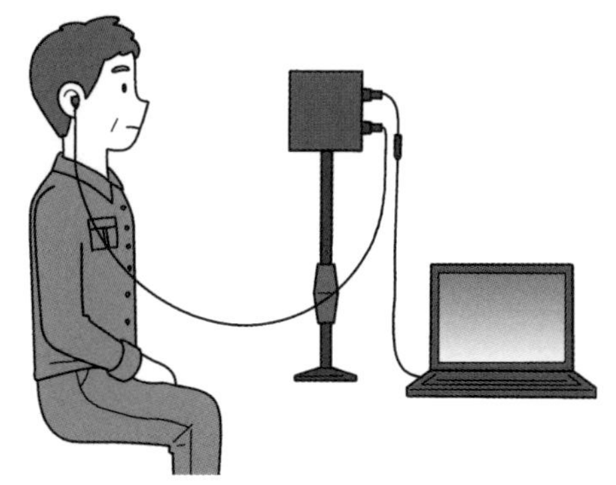

▶図3-15　聴覚保護具内外の音圧差を測定する方法

参考文献

1）中央労働災害防止協会,「令和 3 年度騒音障害防止のためのガイドライン見直しに関する検討事業報告書」, 2022

2）JIS T 8161-1「聴覚保護具－第 1 部：遮音値の主観的測定方法」

3）JIS T 8161-2「聴覚保護具－第 2 部：着用時の実効 A 特性重み付け音圧レベルの推定」

4）日本保安用品協会, 保護具活用ガイド「保護具ポケットブック　安全衛生保護具の選択、使用、保守管理について」聴覚保護具（防音保護具）の選定・使用・保守管理基準, 2021

4　作業方法等の改善

（1）作業場所によるばく露低減化

屋内作業場および坑内の作業場においては、等価騒音レベル 85 dB 以上となる区域および 90 dB 以上となる区域における作業でリスクが高いことを認識し、1 日の作業時間を通じて、当該区域内で作業を行う時間を可能な限り短くすることが望ましい。これには、遮蔽された室内で遠隔操作を行うことも含まれる。

作業場内の他の労働者が行う作業により発する音にばく露する作業（これも騒音作業に含まれる。ガイドラインにおける騒音作業の定義を参照のこと。）については、可能な範囲で作業時間をずらすことにより当該労働者騒音レベルを低減することができる場合もある。

また、屋外の作業場であって、建物や壁等による反射の影響を無視できる場合には、騒音源から距離を置くほど騒音レベルが低くなる（距離減衰）ことを利用し、可能な限り騒音源から離れた場所で作業を行うようにする。

（2）作業方法と騒音レベル

従来から行ってきた作業であっても、騒音ばく露防止の観点から別の作業に置き換える余地がないかどうかについても検討することが望ましい。例えば、トタン板を曲げる場合に、ハンマーで叩いて曲げるのではなく、ペンチ等ではさんで曲げるようにするなど音を立てない作業方法を採用することが考えられる。

また、手持動力工具や定置式の各種機械について、騒音が大きくなってきたら、目立てや定期清掃、オーバーホール等の維持管理を行うことにより、当該工具や機械から発する音を低減化することができる。

5　騒音性難聴のリスクと等価騒音レベル

等価騒音レベルは、ある時間における騒音レベルのエネルギー的な平均値であるが、これを 8 時間について求めた 1 日ばく露量（8 時間時間加重平均値）は、騒音性難聴のリスク指標として重要である。1 日の作業時間を通じて個人ばく露測定を行ったときに計測される等価騒音レベルは、作業時間における騒音レベルのエネルギー的な平均値すなわち1日ばく露量となる。1日ばく露量85 dBについては、海外の主要国や学術機関での職業性難聴のばく露基準ともなっている。

それでは、手持動力工具による間欠的な騒音について、騒音性難聴のリスクを判断するにはどのようにすべきだろうか。例えば、チェーンソーを10分間ずつ12回稼働させると仮定し、計120分の稼働中の等価騒音レベルが91 dBとすると、1日のばく露時間2時間に達する。これは、8時間当たりに直した1日ばく露量85 dB（91 dB − 3 dB − 3 dB）と同じ意味である。作業時間8時間にわたり個人ばく露測定を行った場合は、等価騒音レベル85 dBが計測される（周辺で作業している他のチェーンソーの音については、数m離れていれば大きな影響はない）。チェーンソーを稼働中は、聴覚保護具を使用する必要がある一方、騒音性難聴のリスクは、8時間にわたり85 dBの定常音にばく露したことと同程度と考えられる。

6　作業時間の制限

前述した騒音ばく露低減のための措置や作業方法の改善によっても当該労働者の騒音レベルが85 dB以上となる場合は、騒音障害防止対策の管理者の指示の下で1日の騒音作業に従事する時間を制限することにより、1日の騒音ばく露量を85 dB未満とすることも考慮する。

第4章

関係法令等

学習のポイント

騒音作業に係る労働衛生関係法令および「騒音障害防止のためのガイドライン」について解説する。

1　労働安全衛生法（昭和 47 年法律第 57 号）【抄】
（最終改正：令和４年法律第 68 号による改正）

（事業者の講ずべき措置等）

第 22 条　事業者は、次の健康障害を防止するため必要な措置を講じなければならない。

1　（略）

2　放射線、高温、低温、超音波、騒音、振動、異常気圧等による健康障害

3、4　（略）

（作業環境測定）

第 65 条　事業者は、有害な業務を行う屋内作業場その他の作業場で、政令で定めるものについて、厚生労働省令で定めるところにより、必要な作業環境測定を行い、及びその結果を記録しておかなければならない。

②　前項の規定による作業環境測定は、厚生労働大臣の定める作業環境測定基準に従つて行わなければならない。

③　厚生労働大臣は、第１項の規定による作業環境測定の適切かつ有効な実施を図るため必要な作業環境測定指針を公表するものとする。

④　厚生労働大臣は、前項の作業環境測定指針を公表した場合において必要があると認めるときは、事業者若しくは作業環境測定機関又はこれらの団体に対し、当該作業環境測定指針に関し必要な指導等を行うことができる。

⑤　都道府県労働局長は、作業環境の改善により労働者の健康を保持する必要があると認めるときは、労働衛生指導医の意見に基づき、厚生労働省令で定めるところにより、事業者に対し、作業環境測定の実施その他必要な事項を指示することができる。

＜関連省令＞

【安衛則】

（騒音の測定等）

第 590 条　事業者は、第 588 条に規定する著しい騒音を発する屋内作業場について、６月以内ごとに１回、定期に、等価騒音レベルを測定しなければならない。

② 事業者は、前項の規定による測定を行つたときは、その都度、次の事項を記録して、これを3年間保存しなければならない。

1 測定日時

2 測定方法

3 測定箇所

4 測定条件

5 測定結果

6 測定を実施した者の氏名

7 測定結果に基づいて改善措置を講じたときは、当該措置の概要

解 説

「等価騒音レベル」とは、時間とともに変動する騒音がある場合、そのレベルを、ある測定時間内でこれと等しいエネルギーを持つ定常騒音レベルで表示したものであること。

なお、等価騒音レベルは、変動騒音に対する人体の生理・心理的な反応とよく対応するとされているものであること。

（平 4. 8. 24 基発第 480 号）

第 591 条 事業者は、第 588 条に規定する著しい騒音を発する屋内作業場の施設若しくは設備を変更し、又は当該屋内作業場における作業工程若しくは作業方法を変更した場合には、遅滞なく、等価騒音レベルを測定しなければならない。

② 前条第2項の規定は、前項の規定による測定を行つた場合について準用する。

解 説

施設、設備、作業工程又は作業方法の変更が軽微な場合であって、かつ当該変更の前後で騒音のレベルの変動が小さいと認められる場合には、本条による等価騒音レベルの測定を行う必要がないものであること。

（平 4. 8. 24 基発第 480 号）

【作業環境測定基準】

（騒音の測定）

第４条 令第21条第３号の屋内作業場（労働安全衛生規則第588条各号に掲げる屋内作業場に限る。）における等価騒音レベルの測定は、次に定めるところによらなければならない。

1 測定点は、単位作業場所の床面上に６メートル以下の等間隔で引いた縦の線と横の線との交点の床上120センチメートル以上150センチメートル以下の位置（設備等があつて測定が著しく困難な場所を除く。）とすること。ただし、単位作業場所における騒音レベルがほぼ均一であることが明らかなときは、測定点に係る交点は、当該単位作業場所の床面上に６メートルを超える等間隔で引いた縦の線と横の線との交点とすることができる。

2 前号の規定にかかわらず、同号の規定により測定点が５に満たないこととなる場合にあつても、測定点は、単位作業場所について５以上とすること。ただし、単位作業場所が著しく狭い場合であつて、当該単位作業場所における騒音レベルがほぼ均一であることが明らかなときは、この限りでない。

3 音源に近接する場所において作業が行われる単位作業場所にあつては、前２号に定める測定のほか、当該作業が行われる時間のうち、騒音レベルが最も大きくなると思われる時間に、当該作業が行われる位置において測定を行うこと。

4 測定は、次に定めるところによること。

イ 測定に用いる機器（以下「騒音計」という。）は、等価騒音レベルを測定できるものであること。

ロ 騒音計の周波数補正回路のＡ特性で行うこと。

5 １の測定点における等価騒音レベルの測定時間は、10分間以上の継続した時間とすること。

2 労働安全衛生法施行令（昭和 47 年政令第 318 号）【抄】
（最終改正：令和５年政令第 69 号）

（作業環境測定を行うべき作業場）

第 21 条 法第 65 条①の政令で定める作業場は、次のとおりとする。

1 ～ 2（略）

3 著しい騒音を発する屋内作業場で、厚生労働省令で定めるもの

4 ～ 10（略）

＜関連省令＞

【安衛則】

第 588 条 令第 21 条第 3 号の厚生労働省令で定める著しい騒音を発する屋内作業場は、次のとおりとする。

1 鋲（びょう）打ち機、はつり機、鋳物の型込機等圧縮空気により駆動される機械又は器具を取り扱う業務を行なう屋内作業場

2 ロール機、圧延機等による金属の圧延、伸線、ひずみ取り又は板曲げの業務（液体プレスによるひずみ取り及び板曲げ並びにダイスによる線引きの業務を除く。）を行なう屋内作業場

3 動力により駆動されるハンマーを用いる金属の鍛造又は成型の業務を行なう屋内作業場

4 タンブラーによる金属製品の研ま又は砂落しの業務を行なう屋内作業場

5 動力によりチエーン等を用いてドラムかんを洗浄する業務を行なう屋内作業場

6 ドラムバーカーにより、木材を削皮する業務を行なう屋内作業場

7 チツパーによりチツプする業務を行なう屋内作業場

8 多筒抄紙機により紙を抄（す）く業務を行なう屋内作業場

9 前各号に掲げるもののほか、厚生労働大臣が定める屋内作業場

3　労働安全衛生規則（昭和 47 年労働省令第 32 号）【抄】
（最終改正：令和5年厚生労働省令第 70 号）

第 13 条　法第 13 条第 1 項の規定による産業医の選任は、次に定めるところにより行わなければならない。

1、2（略）

3　常時 1,000 人以上の労働者を使用する事業場又は次に掲げる業務に常時 500 人以上の労働者を従事させる事業場にあつては、その事業場に専属の者を選任すること。

イ　～ト

チ　ボイラー製造等強烈な騒音を発する場所における業務

リ　～カ　（略）

（有害原因の除去）

第 576 条　事業者は、有害物を取り扱い、ガス、蒸気又は粉じんを発散し、有害な光線又は超音波にさらされ、騒音又は振動を発し、病原体によつて汚染される等有害な作業場においては、その原因を除去するため、代替物の使用、作業の方法又は機械等の改善等必要な措置を講じなければならない。

（騒音を発する場所の明示等）

第 583 条の 2　事業者は、強烈な騒音を発する屋内作業場における業務に労働者を従事させるときは、当該屋内作業場が強烈な騒音を発する場所であることを、見やすい箇所に標識によつて明示する等の措置を講ずるものとする。

解　説

①「強烈な騒音を発する屋内作業場」とは、等価騒音レベルが 90 デシベル以上の屋内作業場をいうものであること。

なお、第 13 条第 1 項第 2 号チ、第 584 条及び第 595 条における強烈な騒音を発する場所又は屋内作業場所についても同様であること。

②「標識によって明示する等」とは、屋内作業場について、強烈な騒音を発する場所とそれ以外の場所を、区画物に標識を付し、又は床上に白線、黄線等を引くことにより区画することをいうが、屋内作業場の入口等に、強烈な

騒音を発する屋内作業場である旨を掲示すること等の措置を講ずることとしても差し支えないこと。

（平 4. 8. 24 基発第 480 号）

（騒音の伝ぱの防止）

第 584 条　事業者は、強烈な騒音を発する屋内作業場においては、その伝ぱを防ぐため、隔壁を設ける等必要な措置を講じなければならない。

（騒音障害防止用の保護具）

第 595 条　事業者は、強烈な騒音を発する場所における業務においては、当該業務に従事する労働者に使用させるために、耳栓その他の保護具を備えなければならない。

② 事業者は、前項の業務の一部を請負人に請け負わせるときは、当該請負人に対し、耳栓その他の保護具について、備えておくこと等によりこれらを使用することができるようにする必要がある旨を周知させなければならない。

③ 事業者は、第 1 項の業務に従事する労働者に耳栓その他の保護具の使用を命じたときは、遅滞なく当該保護具を使用しなければならない旨を、作業中の労働者が容易に知ることができるよう、見やすい場所に掲示しなければならない。

④ 事業者は、第 2 項の請負人に耳栓その他の保護具を使用する必要がある旨を周知させたときは、遅滞なく当該保護具を使用する必要がある旨を、見やすい場所に掲示しなければならない。

解　説

「強烈な騒音を発する場所」とは、等価騒音レベルが 90 デシベル以上の場所をいうものであること。（平 4.8.24 基発第 480 号）

（保護具の数等）

第 596 条　事業者は、第 593 条第 1 項、第 594 条第 1 項及び前条第 1 項に規定する保護具については、同時に就業する労働者の人数と同数以上を備え、常時有効かつ清潔に保持しなければならない。

令和 4 年 5 月 31 日厚生労働省令第 91 号の改正により、令和 6 年 4 月 1 日より次のとおりとなる。

第 596 条　事業者は、第 593 条第 1 項、第 594 条第 1 項、第 594 条の 2 第 1 項及び前条第 1 項に規定する保護具については、同時に就業する労働者の人数と同数以上を備え、常時有効かつ清潔に保持しなければならない。

（労働者の使用義務）

第 597 条　第 593 条第 1 項、第 594 条第 1 項及び第 595 条第 1 項に規定する業務に従事する労働者は、事業者から当該業務に必要な保護具の使用を命じられたときは、当該保護具を使用しなければならない。

令和 4 年 5 月 31 日厚生労働省令第 91 号の改正により、令和 6 年 4 月 1 日より次のとおりとなる。

第 597 条　第 593 条第 1 項、第 594 条第 1 項、第 594 条の 2 第 1 項及び第 595 条第 1 項に規定する業務に従事する労働者は、事業者から当該業務に必要な保護具の使用を命じられたときは、当該保護具を使用しなければならない。

（専用の保護具等）

第 598 条　事業者は、保護具又は器具の使用によつて、労働者に疾病感染のおそれがあるときは、各人専用のものを備え、又は疾病感染を予防する措置を講じなければならない。

4　騒音障害防止のためのガイドライン

（基発0420第2号令和5年4月20日）

1　目的

本ガイドラインは、労働安全衛生法令に基づく措置を含め、騒音障害防止対策を講ずることにより、騒音作業に従事する労働者の騒音障害を防止することを目的とする。

2　騒音作業

本ガイドラインの対象とする騒音作業は、別表第1及び別表第2に掲げる作業場における業務とする。

なお、別表第1及び別表第2に掲げる作業場以外の作業場であっても、騒音レベルが高いと思われる業務を行う場合には、本ガイドラインに基づく騒音障害防止対策と同様の対策を講ずることが望ましい。

3　事業者の責務

別表第1又は別表第2に掲げる作業場を有する事業者（以下「事業者」という。）は、当該作業場について、本ガイドラインに基づき適切な措置を講ずることにより、騒音レベルの低減化等に努めるものとする。

4　機械設備等製造業者の留意事項

機械設備等製造業者は、騒音源となる機械設備等について、設計及び製造段階からの低騒音化に努めるとともに、騒音レベルに関する情報を公表することが望ましい。

5　労働衛生管理体制

(1)　騒音障害防止対策の管理者の選任

事業者は、衛生管理者、安全衛生推進者等から騒音障害防止対策の管理者（以下「管理者」という。）を選任し、本ガイドラインで定める事項に取り組ませること。

(2)　元方事業者の責務

建設工事現場等において、元方事業者は、関係請負人が本ガイドラインで定める事項を適切に実施できるよう、指導・援助を行うこと。

6　作業環境管理

(1)　別表第1に掲げる作業場

ア　事業者は、別紙1「作業環境測定による等価騒音レベルの測定」に基づき、測定、評価、措置及び記録を行うこと。

イ　事業者は、測定を6月以内ごとに1回、定期に行うこと。ただし、施設、設備、作業工程又は作業方法を変更した場合は、その都度、測定すること。

(2)　別表第2に掲げる作業場

ア　屋内作業場

(ア)　事業者は、別紙1「作業環境測定による等価騒音レベルの測定」に基づき、測定、評価、措置及び記録を行うこと。

(イ)　騒音源が移動する場合等においては、(ア)に代えて、別紙3「個人ばく露測定による等価騒音レベルの測定」に基づき、測定、措置及び記録を行うことができる。

(ウ)　事業者は、測定を6月以内ごとに1回、定期に行うこと。ただし、第Ⅰ管理区分に区分されることが継続している場所又は等価騒音レベルが継続的に85 dB未満である場所については、当該定期に行う測定を省略することができる。

(エ)　(ウ)の規定に関わらず、施設、設備、作業工程又は作業方法を変更した場合は、その都度、測定を行うこと。

イ　坑内の作業場

(ア)　事業者は、別紙2「定点測定による等価騒音レベルの測定」に基づき、測定、措置及び記録を行うこと。

(イ)　騒音源が移動する場合等においては、(ア)に代えて、別紙3「個人ばく露測定による等価騒音レベルの測定」に基づき、測定、措置及び記録を行うことができる。

(ウ)　事業者は、測定を6月以内ごとに1回、定期に行うこと。ただし、等価騒音レベルが継続的に85 dB未満である場所については、当該定期に行う測定を省略することができる。

(エ)　(ウ)の規定に関わらず、施設、設備、作業工程又は作業方法を変更した場合は、その都度、測定を行うこと。

ウ　屋外作業場

(ア)　事業者は、別紙2「定点測定による等価騒音レベルの測定」又は別紙3「個人ばく露測定による等価騒音レベルの測定」に基づき、測定、措置及び記録を行うこと。

(イ)　地面の上に騒音源があって、周辺に建物や壁等がない場所については、(ア)に代えて、別紙4「等価騒音レベルの推計」に基づき、騒音レベルを推計し、その推計値を測定値とみなして、措置及び記録を行うことができる。

(ウ)　事業者は、測定を6月以内ごとに1回、定期に行うこと。ただし、等価騒音レベルが継続的に85 dB未満である場所については、当該定期に行う測定を省略することができる。

(エ)　(ウ)の規定に関わらず、施設、設備、作業工程又は作業方法を変更した場合は、その都度、測定を行うこと。

7　作業管理

(1)　聴覚保護具の使用

ア　事業者は、聴覚保護具については、日本産業規格（JIS）T8161-1に規定する試験方法により測定された遮音値を目安に、必要かつ十分な遮音値のものを選定すること。

なお、危険作業等において安全確保のために周囲の音を聞く必要がある場合や会話の必要がある場合は、遮音値が必要以上に大きい聴覚保護具を選定しないよう配慮すること。

イ　事業者は、管理者に、労働者に対し聴覚保護具の正しい使用方法を指導させた上で、目視等により正しく使用されていることを確認すること。

(2)　作業時間の管理

事業者は、作業環境を改善するための措置を講じた結果、第Ⅰ管理区分とならない場合又は等価騒音レベルが85 dB 未満とならない場合は、次の表を参考に、労働者が騒音作業に従事する時間の短縮を検討すること。

8　健康管理

(1)　騒音健康診断

ア　雇入時等健康診断

事業者は、騒音作業に常時従事する労働者に対し、その雇入れの際又は当該業務への配置替えの際に、次の項目について、医師による健康診断を行うこと。

①　既往歴の調査

②　業務歴の調査

③　自覚症状及び他覚症状の有無の検査

④　オージオメータによる250ヘルツ、500ヘルツ、1,000ヘルツ、2,000ヘルツ、4,000ヘルツ、6,000ヘルツ及び8,000ヘルツにおける聴力の検査

⑤　その他医師が必要と認める検査

イ　定期健康診断

事業者は、騒音作業に常時従事する労働者に対し、6月以内ごとに1回、定期に、次の項目について、医師による健康診断を行うこと。ただし、第Ⅰ管理区分に区分されることが継続している場所又は等価騒音レベルが継続的に85 dB 未満である場所において業務に従事する労働者については、省略することができる。

①　既往歴の調査

②　業務歴の調査

③　自覚症状及び他覚症状の有無の検査

④　オージオメータによる1,000ヘルツ及び4,000ヘルツにおける選別聴力検査（1,000ヘルツについては30 dB、4,000ヘルツについては25 dB 及び30 dB の音圧での

表　等価騒音レベル（A 特性音圧レベル）による許容基準

等価騒音レベル（dB）	85	86	87	88	89	90	91	92
1日のばく露時間	8時間00分	6時間20分	5時間02分	4時間00分	3時間10分	2時間30分	2時間00分	1時間35分
等価騒音レベル（dB）	93	94	95	96	97	98	99	100
1日のばく露時間	1時間15分	1時間00分	0時間47分	0時間37分	0時間30分	0時間23分	0時間18分	0時間15分

※　日本産業衛生学会の「許容濃度等の勧告（2022年度）」の中の、Ⅵ．騒音の許容基準にある、「表Ⅵ-2. 騒音レベル（A 特性音圧レベル）による許容基準）」の一部抜粋

第4章 関係法令等

検査）

事業者は、上記の定期健康診断の結果、30 dB の音圧での検査で異常が認められる者その他医師が必要と認める者については、次の項目について、医師による二次検査を行うこと。なお、雇入時等健康診断又は過去の二次検査の結果、前駆期の症状が認められる者及び聴力低下が認められる者については、上記④の選別聴力検査を省略して、二次検査を行うこととして差し支えない。

① オージオメータによる 250 ヘルツ、500 ヘルツ、1,000 ヘルツ、2,000 ヘルツ、4,000 ヘルツ、6,000 ヘルツ及び 8,000 ヘルツにおける聴力の検査

② その他医師が必要と認める検査

(2) 騒音健康診断結果に基づく事後措置

事業者は、健康診断の結果の評価に基づき、次に掲げる措置を講ずること。

ア 前駆期の症状が認められる者及び軽度の聴力低下が認められる者に対しては、第Ⅱ管理区分に区分された場所又は等価騒音レベルが 85 dB 以上 90 dB 未満である場所においても、聴覚保護具を使用させるほか、必要な措置

イ 中等度以上の聴力低下が認められる者に対しては、聴覚保護具を使用させるほか、騒音作業に従事する時間の短縮、配置転換その他必要な措置

(3) 騒音健康診断結果の記録及び報告

事業者は、健康診断を実施したときは、その結果を記録し、5年間保存すること。

また、定期健康診断については、実施後遅滞なく、その結果を所轄労働基準監督署長に報告すること。

9 労働衛生教育

(1) 管理者に対する労働衛生教育

事業者は、管理者を選任しようとするときは、当該者に対し、次の科目について労働衛生教育を行うこと。

① 騒音の人体に及ぼす影響

② 適正な作業環境の確保と維持管理

③ 聴覚保護具の使用及び作業方法の改善

④ 関係法令等

(2) 騒音作業に従事する労働者に対する労働衛生教育

事業者は、騒音作業に労働者を常時従事させようとするときは、当該労働者に対し、次の科目について労働衛生教育を行うこと。ただし、第Ⅰ管理区分に区分されることが継続している場所又は等価騒音レベルが継続的に 85 dB 未満である場所において業務に従事する労働者については、当該教育を省略することができる。

① 騒音の人体に及ぼす影響

② 聴覚保護具の使用

10 計画の届出

事業者は、労働安全衛生法（昭和 47 年法律第 57 号）第 88 条の規定に基づく計画の届出を行う場合において、当該計

画が別表第１又は別表第２に掲げる作業場に係るものであるときは、届出に騒音障害防止対策の概要を示す書面又は図面を添付すること。

（別表第１）

(1) 鋲打ち機、はつり機、鋳物の型込機等圧縮空気により駆動される機械又は器具を取り扱う業務を行う屋内作業場

(2) ロール機、圧延機等による金属の圧延、伸線、ひずみ取り又は板曲げの業務（液体プレスによるひずみ取り及び板曲げ並びにダイスによる線引きの業務を除く。）を行う屋内作業場

(3) 動力により駆動されるハンマーを用いる金属の鍛造又は成型の業務を行う屋内作業場

(4) タンブラーによる金属製品の研磨又は砂落としの業務を行う屋内作業場

(5) 動力によりチェーン等を用いてドラム缶を洗浄する業務を行う屋内作業場

(6) ドラムバーカーにより、木材を削皮する業務を行う屋内作業場

(7) チッパーによりチップする業務を行う屋内作業場

(8) 多筒抄紙機により紙をすく業務を行う屋内作業場

（別表第２）

(1) インパクトレンチ、ナットランナー、電動ドライバー等を用い、ボルト、ナット等の締め付け、取り外しの業務を行う作業場

(2) ショットブラストにより金属の研磨の業務を行う作業場

(3) 携帯用研削盤、ベルトグラインダー、チッピングハンマー等を用いて金属の表面の研削又は研磨の業務を行う作業場

(4) 動力プレス（油圧プレス及びプレスブレーキを除く。）により、鋼板の曲げ、絞り、せん断等の業務を行う作業場

(5) シャーにより、鋼板を連続的に切断する業務を行う作業場

(6) 動力により鋼線を切断し、くぎ、ボルト等の連続的な製造の業務を行う作業場

(7) 金属を溶融し、鋳鉄製品、合金製品等の成型の業務を行う作業場

(8) 高圧酸素ガスにより、鋼材の溶断の業務を行う作業場

(9) 鋼材、金属製品等のロール搬送等の業務を行う作業場

(10) 乾燥したガラス原料を振動フィーダーで搬送する業務を行う作業場

(11) 鋼管をスキッド上で検査する業務を行う作業場

(12) 動力巻取機により、鋼板又は線材を巻き取る業務を行う作業場

(13) ハンマーを用いて金属の打撃又は成型の業務を行う作業場

(14) 圧縮空気を用いて溶融金属を吹き付ける業務を行う作業場

(15) ガスバーナーにより金属表面のキズを取る業務を行う作業場

(16) 丸のこ盤を用いて金属を切断する業務を行う作業場

(17) 内燃機関の製造工場又は修理工場で、内燃機関の試運転の業務を行う作業場

(18) 動力により駆動する回転砥石を用いて、

のこ歯を目立てする業務を行う作業場
(19) 衝撃式造形機を用いて砂型を造形する業務を行う作業場
(20) バイブレーター又はランマーにより締め固めの業務を行う作業場
(21) 振動式型ばらし機を用いて砂型より鋳物を取り出す業務を行う作業場
(22) 動力によりガスケットをはく離する業務を行う作業場
(23) 瓶、ブリキ缶等の製造、充てん、冷却、ラベル表示、洗浄等の業務を行う作業場
(24) 射出成型機を用いてプラスチックの押し出し又は切断の業務を行う作業場
(25) プラスチック原料等を動力により混合する業務を行う作業場
(26) みそ製造工程において動力機械により大豆の選別の業務を行う作業場
(27) ロール機を用いてゴムを練る業務を行う作業場
(28) ゴムホースを製造する工程において、ホース内の内糸を編上機により編み上げる業務を行う作業場
(29) 織機を用いてガラス繊維等原糸を織布する業務を行う作業場
(30) ダブルツイスター等高速回転の機械を用いて、ねん糸又は加工糸の製造の業務を行う作業場
(31) カップ成型機により、紙カップを成型する業務を行う作業場
(32) モノタイプ、キャスター等を用いて、活字の鋳造の業務を行う作業場
(33) コルゲータマシンによりダンボール製造の業務を行う作業場
(34) 動力により、原紙、ダンボール紙等の連続的な折り曲げ又は切断の業務を行う作業場
(35) 高速輪転機により印刷の業務を行う作業場
(36) 高圧水により鋼管の検査の業務を行う作業場
(37) 高圧リムーバを用いてICパッケージのバリ取りの業務を行う作業場
(38) 圧縮空気を吹き付けることにより、物の選別、取り出し、はく離、乾燥等の業務を行う作業場
(39) 乾燥設備を使用する業務を行う作業場
(40) 電気炉、ボイラー又はエアコンプレッサーの運転業務を行う作業場
(41) ディーゼルエンジンにより発電の業務を行う作業場
(42) 多数の機械を集中して使用することにより製造、加工又は搬送の業務を行う作業場
(43) 岩石又は鉱物を動力により破砕し、又は粉砕する業務を行う作業場
(44) 振動式スクリーンを用いて、土石をふるい分ける業務を行う作業場
(45) 裁断機により石材を裁断する業務を行う作業場
(46) 車両系建設機械を用いて掘削又は積込みの業務を行う坑内の作業場
(47) バイブレーター、さく岩機、ブレーカ等手持動力工具を取り扱う業務を行う作業場
(48) コンクリートカッタを用いて道路舗装のアスファルト等を切断する業務を行う作業場

(49) チェーンソー又は刈払機を用いて立木の伐採、草木の刈払い等の業務を行う作業場

(50) 丸のこ盤、帯のこ盤等木材加工用機械を用いて木材を切断する業務を行う作業場

(51) 水圧バーカー又はヘッドバーカーにより、木材を削皮する業務を行う作業場

(52) 空港の駐機場所において、航空機への指示誘導、給油、荷物の積込み等の業務を行う作業場

別紙１

作業環境測定による等価騒音レベルの測定

1　作業環境測定の方法

⑴　作業環境測定基準（昭和51年労働省告示第46号）第４条第１号及び第２号に定める方法による等価騒音レベルの測定（以下「A測定」という。）を行い、騒音源に近接する場所において作業が行われる単位作業場所にあっては、加えて作業環境測定基準第４条第３号に定める方法による等価騒音レベルの測定（以下別紙１において「B測定」という。）を行うこと。

⑵　測定は、作業が定常的に行われている時間帯に、１測定点について10分間以上継続して行うこと。

2　測定結果の評価

事業者は、１による作業環境測定を行った後、単位作業場所ごとに、次の表により、結果の評価を行うこと。

3　評価結果に基づく措置

事業者は、２による評価の結果に基づき、管理区分ごとに、それぞれ次の措置を講ずること。なお、手持動力工具を使用する業務については、第Ⅰ管理区分に区分されることが継続している場所である場合を除き、当該業務に従事する労働者に対し、聴覚保護具を使用させること。

⑴　第Ⅰ管理区分の場合

当該場所における作業環境の継続的維持に努めること。

⑵　第Ⅱ管理区分の場合

ア　標識によって、当該場所が第Ⅱ管理区分であることを明示する等の措置を講ずること。

イ　施設、設備、作業工程又は作業方

		B測定		
		85dB未満	85dB以上 90dB未満	90dB以上
A測定平均値	85dB未満	第Ⅰ管理区分	第Ⅱ管理区分	第Ⅲ管理区分
	85dB以上 90dB未満	第Ⅱ管理区分	第Ⅱ管理区分	第Ⅲ管理区分
	90dB以上	第Ⅲ管理区分	第Ⅲ管理区分	第Ⅲ管理区分

備考

1　「A測定平均値」は、測定値を算術平均して求めること。

2　「A測定平均値」の算定には、80dB未満の測定値は含めないこと。

3　A測定のみを実施した場合は、表中のB測定の欄は85dB未満の欄を用いて評価を行うこと。

法の点検を行い、その結果に基づき、施設又は設備の設置又は整備、作業工程又は作業方法の改善その他の作業環境を改善するため必要な措置を講じ、管理区分が第Ⅰ管理区分となるよう努めること。

ウ　騒音作業に従事する労働者に対し、必要に応じ、聴覚保護具を使用させること。

(3)　第Ⅲ管理区分の場合

ア　標識によって、当該場所が第Ⅲ管理区分であることを明示する等の措置を講ずること。

イ　施設、設備、作業工程又は作業方法の点検を行い、その結果に基づき、施設又は設備の設置又は整備、作業工程又は作業方法の改善その他の作業環境を改善するため必要な措置を講じ、管理区分が第Ⅰ管理区分又は第Ⅱ管理区分となるよう努めること。

なお、作業環境を改善するための措置を講じたときは、その効果を確認するため、当該場所について、当該措置を講ずる直前に行った作業環境測定と同様の方法で作業環境測定を行い、その結果の評価を行うこと。

ウ　騒音作業に従事する労働者に聴覚保護具を使用させた上で、その使用状況を管理者に確認させるとともに、聴覚保護具の使用について、作業中の労働者が容易に知ることができるよう、見やすい場所に掲示すること。

4　測定結果等の記録

事業者は、作業環境測定を実施し、測定結果の評価を行ったときは、その都度、次の事項を記録して、これを3年間保存すること。

①　測定日時
②　測定方法
③　測定箇所
④　測定条件
⑤　測定結果
⑥　評価日時
⑦　評価箇所
⑧　評価結果
⑨　測定及び評価を実施した者の氏名
⑩　測定及び評価の結果に基づいて措置を講じたときは、当該措置の概要

別紙2

定点測定による等価騒音レベルの測定

1　定点測定の方法

⑴　騒音源に近接する場所において作業が行われている時間のうち、騒音レベルが最も大きくなると思われる時間に、当該作業が行われる位置において、作業環境測定基準第4条第3号に定める方法による等価騒音レベルの測定（以下別紙2及び4において「定点測定」という。）を行うこと。

⑵　測定は、作業が定常的に行われている時間帯に、1測定点について10分間以上継続して行うこと。

2　測定結果に基づく措置

事業者は、1による定点測定の結果に基づき、次の措置を講ずること。なお、手持動力工具を使用する業務については、等価騒音レベルが継続的に85 dB未満である場合を除き、当該業務に従事する労働者に対し、聴覚保護具を使用させること。

⑴　85 dB未満の場合

当該場所における作業環境の継続的維持に努めること。

⑵　85 dB以上90 dB未満の場合

ア　施設、設備、作業工程又は作業方法の点検を行い、その結果に基づき、施設又は設備の設置又は整備、作業工程又は作業方法の改善その他の作業環境を改善するため必要な措置を講じ、等価騒音レベルが85 dB未満となるよう努めること。

イ　騒音作業に従事する労働者に対し、必要に応じ、聴覚保護具を使用させること。

⑶　90 dB以上の場合

ア　施設、設備、作業工程又は作業方法の点検を行い、その結果に基づき、施設又は設備の設置又は整備、作業工程又は作業方法の改善その他の作業環境を改善するため必要な措置を講じ、等価騒音レベルが85 dB未満となるよう努めること。

なお、作業環境を改善するための措置を講じたときは、その効果を確認するため、当該場所について、当該措置を講ずる直前に行った定点測定と同様の方法で定点測定を行うこと。

イ　騒音作業に従事する労働者に聴覚保護具を使用させた上で、その使用状況を管理者に確認させるとともに、聴覚保護具の使用について、作業中の労働者が容易に知ることができるよう、当該作業場の見やすい場所に掲示すること。

3　測定結果等の記録

事業者は、定点測定を実施したときは、その都度、次の事項を記録して、これを3年間保存すること。

①　測定日時

② 測定方法
③ 測定対象となる騒音作業
④ 測定箇所
⑤ 測定条件
⑥ 測定結果
⑦ 測定を実施した者の氏名
⑧ 測定結果に基づいて措置を講じたときは、当該措置の概要

別紙3

個人ばく露測定による等価騒音レベルの測定

1　個人ばく露測定の方法

(1)　使用する機器

ア　測定に使用するばく露計は等価騒音レベルを測定できる必要があることから、JIS C1509-1又はIEC 61252に規定する精度を満たすものとすること。

イ　場所によっては、防爆性能を有するばく露計を選定して使用する必要があること。

(2)　測定方法

ア　同種の業務を行うグループごとに1台以上のばく露計による測定を行うこと。

イ　ばく露計のマイクロホン部分を測定対象者の頭部、首又は肩の近くに装着すること。

ウ　測定者は、測定対象者に、終日又は半日、ばく露計を装着させたままで騒音作業を行わせることにより、騒音作業に従事する時間の等価騒音レベルを測定すること。ただし、2時間ごとに反復継続する作業を行うことが明らかな場合等、一定時間の測定を行うことで作業時間全体の等価騒音レベルを算定することが可能な場合は、測定の開始から終了までの時間が1時間以上であれば、測定時間を短縮して差し支えない。

エ　測定者は、測定を開始する前に、測定対象者にばく露計が正しく装着されていることを確認すること。測定対象者は、測定中にばく露計が落下したり、マイクロホン部分が作業着等で覆われたりすることがないよう、注意すること。

なお、測定をしている間、測定者の立会いは不要であること。

2　測定結果に基づく措置

事業者は、1による測定の結果に基づき、次の措置を講ずること。なお、手持動力工具を使用する業務については、等価騒音レベルが継続的に85 dB未満である場合を除き、当該業務に従事する労働者に対し、聴覚保護具を使用させること。

(1)　85 dB未満の場合

当該場所における作業環境の継続的維持に努めること。

(2)　85 dB以上90 dB未満の場合

ア　施設、設備、作業工程又は作業方法の点検を行い、その結果に基づき、施設又は設備の設置又は整備、作業工程又は作業方法の改善その他の作業環境を改善するため必要な措置を講じ、等価騒音レベルが85 dB未満となるよう努めること。

イ　騒音作業に従事する労働者に対し、必要に応じ、聴覚保護具を使用させること。

(3)　90 dB以上の場合

ア　施設、設備、作業工程又は作業方

法の点検を行い、その結果に基づき、施設又は設備の設置又は整備、作業工程又は作業方法の改善その他の作業環境を改善するため必要な措置を講じ、等価騒音レベルが85 dB未満となるよう努めること。

なお、作業環境を改善するための措置を講じたときは、その効果を確認するため、当該場所について、当該措置を講ずる直前に行った個人ばく露測定と同様の方法で個人ばく露測定を行うこと。

イ　騒音作業に従事する労働者に聴覚保護具を使用させた上で、その使用状況を管理者に確認させるとともに、聴覚保護具の使用について、作業中の労働者が容易に知ることができるよう、当該作業場の見やすい場所に掲示すること。

3　測定結果等の記録

事業者は、個人ばく露測定を実施したときは、その都度、次の事項を記録して、これを3年間保存すること。

①　測定日時
②　測定方法
③　測定対象となる騒音作業及び対象者
④　測定箇所
⑤　測定条件
⑥　測定結果
⑦　測定を実施した者の氏名
⑧　測定結果に基づいて措置を講じたときは、当該措置の概要

別紙４

等価騒音レベルの推計

１　推計の方法

等価騒音レベルの推計は、対象となる騒音作業ごとに、次の式により行うこと。

音響パワーレベルは、機械等の騒音源が放射する音のエネルギーをレベル表示したものであり、機械等に騒音値として表示されているものを参考にすること。

なお、周囲に建物や壁等がある場合、音の反響の影響から、当該推計値と比較して、騒音レベルが高くなる可能性が大きいことから、等価騒音レベルの把握方法として推計を用いることは適切でないことに留意すること。

$$Lp = Lw - 20\log_{10} r - 8$$

Lp（dB）：推計値
Lw（dB）：音響パワーレベル
r （m）：騒音源からの距離

２　推計結果に基づく措置

事業者は、１による推計の結果に基づき、次の措置を講ずること。なお、手持動力工具を使用する業務については、等価騒音レベルが継続的に85 dB未満である場合を除き、当該業務に従事する労働者に対し、聴覚保護具を使用させること。

⑴　85 dB未満の場合

当該場所における作業環境の継続的維持に努めること。

⑵　85 dB以上90 dB未満の場合

ア　施設、設備、作業工程又は作業方法の点検を行い、その結果に基づき、施設又は設備の設置又は整備、作業工程又は作業方法の改善その他の作業環境を改善するため必要な措置を講じ、等価騒音レベルが85 dB未満となるよう努めること。

イ　騒音作業に従事する労働者に対し、必要に応じ、聴覚保護具を使用させること。

⑶　90 dB以上の場合

ア　施設、設備、作業工程又は作業方法の点検を行い、その結果に基づき、施設又は設備の設置又は整備、作業工程又は作業方法の改善その他の作業環境を改善するため必要な措置を講じ、等価騒音レベルが85 dB未満となるよう努めること。

なお、作業環境を改善するための措置を講じたときは、その効果を確認するため、当該場所について改めて推計又は定点測定若しくは個人ばく露測定を行うこと。

イ　騒音作業に従事する労働者に聴覚保護具を使用させた上で、その使用状況を管理者に確認させるとともに、聴覚保護具の使用について、作業中の労働者が容易に知ることができるよう、当該作業場の見やすい場所に掲示すること。

3　推計結果等の記録

事業者は、推計を実施したときは、その都度、次の事項を記録して、これを3年間保存すること。

① 推計日時

② 推計方法

③ 推計対象となる騒音作業

④ 推計箇所

⑤ 推計条件

⑥ 推計結果

⑦ 推計を実施した者の氏名

⑧ 推計結果に基づいて措置を講じたときは、当該措置の概要

騒音障害防止のためのガイドラインの解説

本解説は、「騒音障害防止のためのガイドライン」の趣旨、運用上の留意点及び内容の説明を記したものである。

1 「2　騒音作業」について

「騒音作業」とは、別表第１及び別表第２に掲げる作業場における業務をいい、騒音を発する機械、工具等を操作する業務に限らず、当該作業場において行われるその他の業務を含むものである。

別表第１は、労働安全衛生規則（昭和47年労働省令第32号）第588条及び第590条の規定に基づき、６月以内ごとに１回、定期に、等価騒音レベルを測定することが義務付けられている屋内作業場を掲げたものであり、別表第２は、労働安全衛生規則上の義務付けはなされていないが、等価騒音レベルが85 dB以上になる可能性が大きい作業場を掲げたものである。

2 「5　労働衛生管理体制」について

(1)　騒音障害防止対策の管理者

騒音障害防止対策の管理者として選任できる者には、衛生管理者、安全衛生推進者のほか、ライン管理者、職長等が含まれる。

(2)　元方事業者が行う指導・援助

元方事業者が行う「指導・援助」とは、例えば、関係請負人が使用する機械・工具は低騒音なものを選定するよう促す、工事現場において関係請負人へ支給・貸与する設備等の騒音によるばく露を低減するための措置を講ずる、聴覚保護具の使用が求められる関係請負人の労働者に対してその着用を促す、関係請負人に対する教育や健康診断に関する情報提供や受講・受診機会を提供するよう配慮すること等がある。

3 「6　作業環境管理」について

(1)　用語

ア　騒音レベル

音は音圧で表すことができ、騒音レベルは、特定の時間tにおける、Ａ特性音圧の実効値の２乗を基準の音圧の２乗で除した値の常用対数の10倍で、次の式による（JIS Z8731:2019）。

騒音レベルは、デシベル（dB）で表す。

$$L_A(t) = 10\log_{10}\frac{P_A^2(t)}{P_0^2}$$

P_A（t）：Ａ特性音圧の実効値（Pa）

P_0：基準の音圧（20 μPa）

イ　等価騒音レベル

等価騒音レベルは、ある時間Ｔ（t_1～t_2）について、変動する騒音の騒音レベルをエネルギー的な平均値として表した量で、次の式による（JIS Z8731:2019）。

等価騒音レベルは、デシベル（dB）で表す。

$$L_{Aeq'T}=10\log_{10}\left[\frac{1}{t_2-t_1}\int_{t_1}^{t_2}\frac{P_A^2(t)}{P_0^2}dt\right]$$

P_A（t）：A特性音圧の瞬時値（Pa）

P_0：基準の音圧（20 μPa）

等価騒音レベルの物理的意味は、図1に示すように、時間とともに変動する騒音（L_A（t））がある場合、そのレベルを、ある時間（$T=t_2-t_1$）の範囲内でこれと等しいエネルギーをもつ定常騒音の騒音レベルで表現する（図1の斜線部）ということである。

等価騒音レベルは、一般環境や作業環境における騒音の大きさを表す代表値として広く用いられている。

(2) 等価騒音レベルの測定

ア 等価騒音レベルの測定については、特に測定の実施者を定めていないが、測定結果が対策の基礎となることから、適正に行う必要がある。このため、当該測定は、作業環境測定士や衛生管理者等、事業場における労働衛生管理の実務に直接携わる者に実施させるか、又は作業環境測定機関に委託して実施することが望ましい。

イ 等価騒音レベルは、積分型騒音計を用いれば直接求めることができるが、普通騒音計を用いて、実測時間全体にわたって一定時間間隔⊿tごとに騒音レベルを測定し、その結果から次の式により求めることもできる。

$$L_{Aeq'T}=10\log_{10}\left[\frac{1}{n}\left(10^{L_{A1}\frac{1}{10}}+10^{L_{A2}\frac{2}{10}}+\cdots\cdots+10^{L_{An}\frac{n}{10}}\right)\right]$$

L_{A1}, L_{A2}, $L_{A3}\cdots L_{An}$：騒音レベルの測定値

n：測定値の総数

ウ 作業環境測定について、A測定は、単位作業場所の平均的な作業環境を調べるのが目的であるので、作業が定常的に行われている時間に行う必要がある。また、時間の経過に

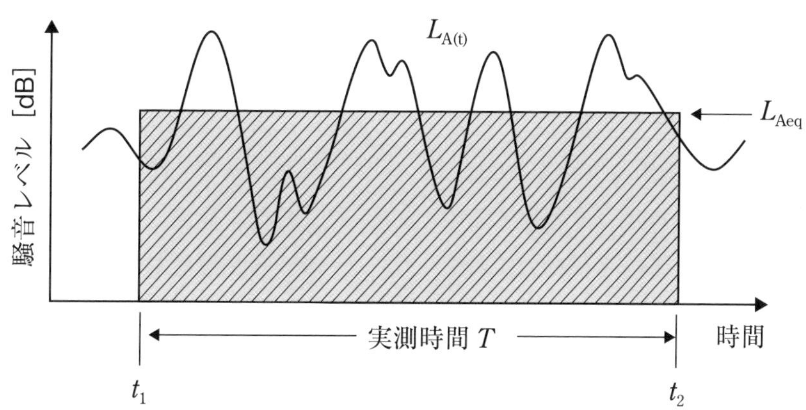

図1 等価騒音レベルの意味

伴う作業環境の状態の変化も同時に調べるために、測定点ごとに測定時刻をずらして行うのが望ましい。

しかし、単位作業場所によっては、平均的な作業環境状態からは予測しにくい大きい騒音にさらされる危険がある。B測定は、このような場合を想定し、音源に近接する場所において作業が行われる単位作業場所にあっては、その作業が行われる時間のうち、騒音レベルが最も大きくなると思われる時間に、当該作業が行われる位置における等価騒音レベルを測定するものである。

エ　等価騒音レベルの推計で用いる音響パワーレベルは、機械等に貼付されたシールや銘板、カタログ、取扱説明書、ウェブサイト等で表示されていることがある。

また、音響パワーレベルではなく、特定位置における音圧レベルが表示されている場合もある。この場合は、式 $Lp = Lw - 20\log_{10} r - 8$ の Lp に音圧レベルを、r に特定位置までの距離を代入することにより、音響パワーレベル（Lw）の概算値を求めることができる。

オ　「騒音源が移動する場合等」とは、例えば、手持動力工具を使用する場合等が想定される。手持動力工具を使用する業務を行う作業場については、別紙3「個人ばく露測定による等価騒音レベルの測定」に基づき、測定、措置及び記録を行うことが望ましい。

カ　屋外作業場においては、日々作業内容が変わることが考えられるが、「施設、設備、作業工程又は作業方法を変更した場合」とは、例えば、基礎工事から仮設工事に作業工程が移行する場合等、大きな工程の変更があった場合が想定される。また、関係請負人が騒音源となる機器を作業場に持ち込む度に測定を行う必要はなく、騒音源となる機器に着目し、6月以内に他の工事現場等で実施した測定結果又は推計結果がある場合は、当該結果を準用できるものとする。

キ　別表第2に掲げる作業場であって、「第Ⅰ管理区分に区分されることが継続している」及び「等価騒音レベルが継続的に85 dB未満である」とは、測定の結果、単に第Ⅰ管理区分に区分される又は等価騒音レベルが85 dBを下回るだけでなく、毎日の機械等の運転状況や様々な作業状況に照らして、継続して第Ⅰ管理区分に区分される又は等価騒音レベルが85 dB未満である可能性が非常に高い場合に限られるものである。

(3)　結果に基づく措置

ア　施設、設備、作業工程等における騒音発生源対策及び伝ぱ経路対策並びに騒音作業に従事する労働者に対する受音者対策の代表的な方法は表1のとおりである。

なお、これらの対策を講ずるに当

表１　代表的な騒音対策の方法

分　類	方　法	具体例
1 騒音発生源対策	発生源の低騒音化	低騒音型機械の採用
	発生原因の除去	給油、不釣合調整、部品交換等
	遮音	防音カバー、ラギング等の取り付け
	消音	消音器、吸音ダクト等の取り付け
	防振	防振ゴムの取り付け
	制振	制振材の装着
	運転方法の改善	自動化、配置の変更等
2　伝ぱ経路対策	距離減衰	配置の変更等
	遮蔽効果	遮蔽物、防音塀等の設置
	吸音	建屋内部の消音処理
	指向性	音源の向きの変更
3　受音者対策	遮音	防音監視室の設置
	作業方法の改善	作業スケジュールの調整、遠隔操作化等
	耳の保護	耳栓、耳覆いの使用

たっては、改善事例を参考にするとともに、労働衛生コンサルタント等の専門家を活用することが望ましい。

イ　第Ⅱ管理区分又は第Ⅲ管理区分に区分された作業場について、「標識によって、（中略）明示する等」とは、第Ⅱ管理区分又は第Ⅲ管理区分に区分された場所とそれ以外の場所を、区画物に標識を付し、又は床上に白線、黄線等を引くことにより区画することをいう。なお、屋内作業場の入り口等に、騒音レベルの高い屋内作業場である旨を掲示すること等の措置を講ずることでも差し支えない。

また、第Ⅱ管理区分及び第Ⅲ管理区分に区分された場所が混在する場合には、これらの場所を区別することなく、ひとつの場所として明示しても差し支えない。

ウ　「手持動力工具」とは可搬型の動力工具を指し、騒音性難聴の新規労災認定者が扱っていた手持動力工具としては、バイブレーター、ブレーカー、グラインダー、チェーンソー、インパクトレンチ、チッパー、電動ドリル、丸のこ等がある。

⑷　測定結果等の記録

ア　作業環境測定（別紙１「作業環境測定による等価騒音レベルの測定」）

a 「②　測定方法」とは、測定器の種類、形式等をいう。

b 「③　測定箇所」の記録は、測定を行った作業場の見取図に測定箇所を記入する。

c 「④　測定条件」とは、測定時の作業の内容、稼働していた機械、設備等の名称及びその位置、測定結果に最も影響を与える騒音源の名称及びその位置のほか、マイクロホンの設置高さ、窓などの開閉状態等をいう。

d 「⑤　測定結果」については、A測定の測定値、その算術平均値及びB測定の測定値を記録する。

e 「⑧　評価結果」については、第Ⅰ管理区分から第Ⅲ管理区分までの各区分のうち、該当する区分を記録する。

イ　定点測定（別紙2「定点測定による等価騒音レベルの測定」）

a 「②　測定方法」とは、測定器の種類、形式等をいう。

b 「④　測定箇所」の記録は、測定を行った作業場の見取図に測定箇所を記入する。

c 「⑤　測定条件」とは、測定時の作業の内容、稼働していた機械、使用していた工具等の名称及びその位置、測定結果に最も影響を与える騒音源の名称及びその位置のほか、マイクロホンの設置高さ、坑口からの距離等をいう。

ウ　個人ばく露測定（別紙3「個人ばく露測定による等価騒音レベルの測定」）

a 「②　測定方法」とは、測定器の種類、形式等をいう。

b 「④　測定箇所」の記録は、測定を行った作業場の見取図に測定箇所を記入する。

c 「⑤　測定条件」とは、測定時の作業の内容、周辺の建物や壁等の状況、稼働していた機械、使用していた工具等の名称及びその位置、測定結果に最も影響を与える騒音源の名称及びその位置のほか、測定機器の取付位置等をいう。

エ　推計（別紙4「等価騒音レベルの推計」）

「⑤　推計条件」とは、使用する機械等の名称及び音響パワーレベル、騒音源からの距離及びその計測方法等をいう。

4 「7　作業管理」について

(1)　聴覚保護具の使用

聴覚保護具の使用に当たっては、次の点に留意する必要がある。

ア　聴覚保護具は、騒音発生源対策、伝ぱ経路対策等による騒音レベルの低減化を十分に行うことができない場合に、二次的に使用するものであること。

イ　聴覚保護具には耳栓と耳覆い（イヤーマフ）があり、耳栓と耳覆いのどちらが適切であるかは、作業の性質や騒音の特性で決まるが、非常に強烈な騒音に対しては耳栓と耳覆いとの併用が有効であること。

ウ　耳栓を使用する場合、人によって耳の穴の形や大きさが異なるので、その人に適したものを使用すること。

エ　聴覚保護具は、装着の緩みや隙間があると十分な効果が得られないので、正しく使用すること。また、作業中、緩んだ場合には、その都度装着し直すこと。

オ　騒音作業を有する作業場では、会話によるコミュニケーションが阻害される場合が多いが、聴覚保護具の使用はさらにこれを増大させる可能性があるので、適切な意思伝達手段を考える必要があること。また、非常の際の警報には音響ではなく、赤色回転灯などを用い二次災害の防止に配慮すること。

(2)　作業時間の管理

本ガイドラインの表「等価騒音レベル（A特性音圧レベル）による許容基準」は、日本産業衛生学会の「許容濃度等の勧告　」の中の、VI. 騒音の許容基準にある、「表 V1-2. 騒音レベル（A特性音圧レベル）による許容基準」に基づくものであり、この基準以下であれば、1日8時間以内のばく露が常習的に10年以上続いた場合にも、騒音性永久閾値移動を1,000ヘルツ以下の周波数で10 dB以下、2,000ヘルツで15 dB以下、3,000ヘルツ以上の周波数で20 dB以下にとどめることが期待できるとされる。このため、85 dB以上の騒音へのばく露時間は、同表に示された時間数よりも可能な限り短くすることが求められる。

なお、「1日のばく露時間」の算出は以下によって行う。

①　1日のばく露が連続的に行われる場合には、同表の「等価騒音レベル」に対応する「1日のばく露時間」を用いること。

②　1日のばく露が断続的に行われる場合には、騒音の実効休止時間を除いた1日のばく露時間の合計を、連続ばく露の場合と等価なばく露時間とみなして、同表の「等価騒音レベル」に対応する「1日のばく露時間」を用いること。なお、実効休止時間とは騒音レベルが80 dB未満にとどまっている時間をいう。

5　「8　健康管理」について

(1)　騒音健康診断の目的

騒音健康診断の目的は、以下の2つに大別できる。

①　騒音作業に従事する労働者の聴力の程度、変化、耳鳴り等の症状及び騒音ばく露状況を調べ、個人の聴覚管理を進める資料とすること。

②　集団としての騒音の影響を調べ、騒音管理を進める資料とすること。

(2)　健康管理の体系

健康管理の体系は、図2のとおりである。

(3)　騒音健康診断の種類

ア　雇入時等健康診断

騒音作業に常時従事する労働者を新たに雇い入れ、又は当該業務へ配置転換するとき（以下「雇入れ時等」という。）に実施する聴力検査の検査結果は、将来にわたる聴覚管理の基準として活用されることから極めて重要な意味を持つものである。このため、雇入時等健康診断において

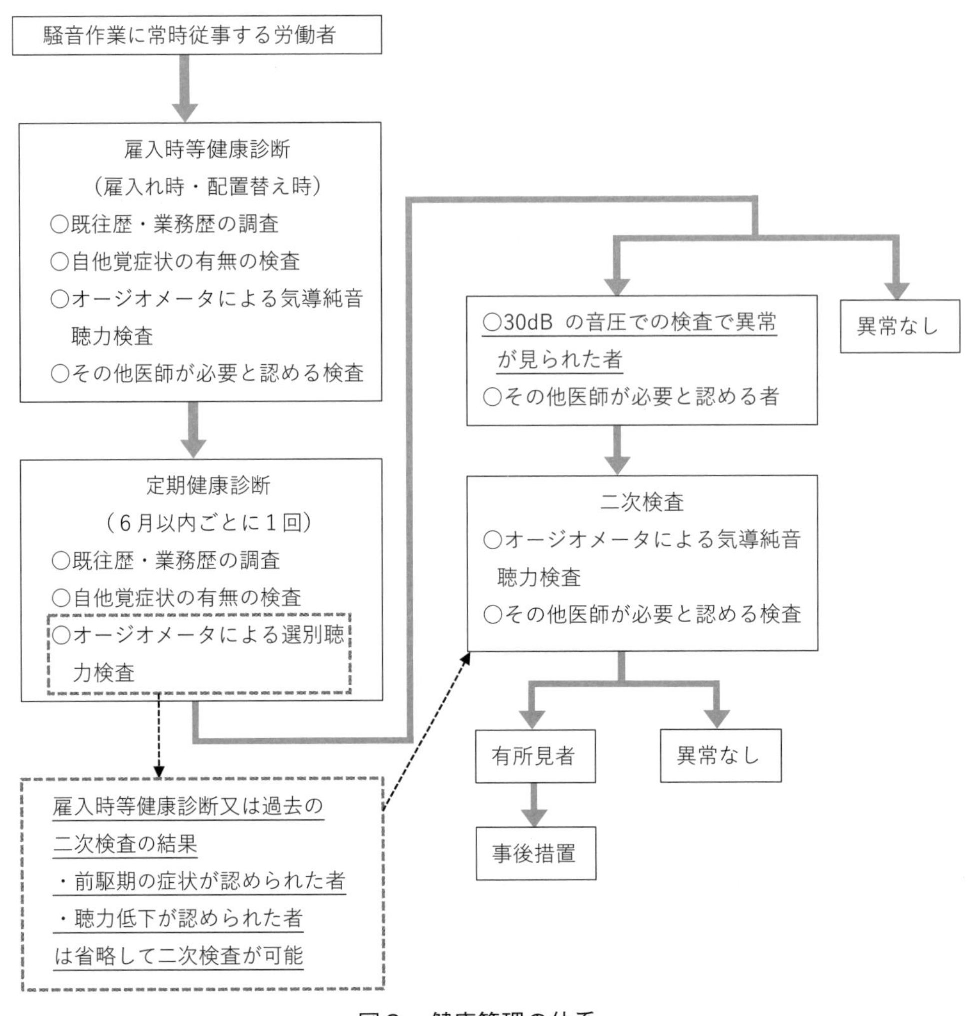

図2　健康管理の体系

は、定期健康診断の選別聴力検査に代えて、250ヘルツから8,000ヘルツまでの聴力の検査を行うこととしたものである。

したがって、雇入れ時等以前に、既に中耳炎後遺症、頭頸部外傷後遺症、メニエール病、耳器毒（耳に悪影響を及ぼす毒物）の使用、突発性難聴等で聴力が低下している者、あるいは過去に騒音作業に従事してすでに騒音性難聴を示している者、日常生活においてヘッドホン等による音楽鑑賞を行うことにより聴力障害の兆候を示す者については、周波数ごとの正確な聴力を把握することが特に重要となる。

イ　定期健康診断

騒音作業に従事する労働者の聴力の経時的変化を調べ、個人及び集団としての騒音の影響をいち早く知り、聴覚管理の基礎資料とするとともに、作業環境管理及び作業管理に反映させることが重要である。聴力低下のごく初期段階を把握するため、4,000ヘルツにおける検査の音圧を、40 dBから25 dB及び30 dBに変更した。

本ガイドラインに基づく定期健康診断は6月以内ごとに1回、定期に行うことが原則であるが、労働安全衛生規則第44条又は第45条の規定に基づく定期健康診断が6月以内に行われた場合（オージオメータを使用して、1,000ヘルツについては30 dB、4,000ヘルツについては25 dB及び30 dBの音圧での選別聴力検査が行われた場合に限る。）には、これを本ガイドラインに基づく定期健康診断（ただし、オージオメータによる1,000ヘルツ及び4,000ヘルツにおける選別聴力検査の項目に限る。）とみなして差し支えない。

ウ　離職時等健康診断

離職時又は騒音作業以外の作業への配置転換時（以下「離職時等」という。）の聴力の程度を把握するため、離職時等の前6月以内に本ガイドラインに基づく定期健康診断を行っていない場合には、同じ項目の検査を行うことが望ましい。

⑷　検査の方法

ア　既往症・業務歴の調査及び自他覚症状の有無の検査

聴力検査を実施する前に、あらかじめ騒音のばく露歴、特に現在の騒音作業の内容、騒音レベル及び作業時間について調査するとともに、耳栓、耳覆い等の聴覚保護具の使用状況も把握しておく。さらに、現在の自覚症状として、耳鳴り、難聴の有無あるいは最近の疾患などについて問視診により把握する。

イ　250ヘルツ、500ヘルツ、1,000ヘルツ、2,000ヘルツ、4,000ヘルツ、6,000ヘルツ及び8,000ヘルツにおける聴力の検査

オージオメータによる気導純音聴力レベル測定法による。

なお、250ヘルツにおける検査は省略しても差し支えない。

ウ　1,000ヘルツ及び4,000ヘルツにおける選別聴力検査

検査音の聴取に影響を及ぼさない静かな場所で行う。

エ　二次検査

騒音作業終了後、半日以上が経過した後に実施する。

⑸　聴力検査の担当者

ア　250ヘルツ、500ヘルツ、1,000ヘルツ、2,000ヘルツ、4,000ヘルツ、6,000ヘルツ及び8,000ヘルツにおける聴力の検査については、医師のほか、医師の指示のもとに、本検査に習熟した保健師、看護師、言語聴覚士等が行う。

イ　選別聴力検査については、医師のほか、医師の指示のもとに、本検査に習熟した保健師、看護師、言語聴覚士等が行うことが適当である。

(6)　健康診断結果の評価

ア　評価及び健康管理上の指導は、耳科的知識を有する産業医又は耳鼻咽喉科専門医が行う。評価を行うに当たっては、異常の有無を判断し、異常がある場合には、それが作業環境の騒音によるものか否か、障害がどの程度か、障害の進行が著明であるかどうか等を判断する。

なお、耳科学と産業医学の両方の専門的知識を有する医師として、日本耳鼻咽喉科頭頸部外科学会が騒音性難聴担当医を認定している。

イ　250ヘルツ、500ヘルツ、1,000ヘルツ、2,000ヘルツ、4,000ヘルツ、6,000ヘルツ及び8,000ヘルツにおける聴力の検査を行った場合には、会話音域の聴き取り能力の程度を把握するため、次の式により３分法平均聴力レベルを求めて記載しておく。

３分法平均聴力レベル＝（Ａ＋Ｂ＋Ｃ）×１／３

Ａ：500ヘルツの聴力レベル

Ｂ：1,000ヘルツの聴力レベル

Ｃ：2,000ヘルツの聴力レベル

(7)　健康診断結果に基づく事後措置

健康診断結果に基づく事後措置は、聴力検査の結果から表２に示す措置を講ずることを基本とするが、この際、耳科的既往歴、騒音業務歴、現在の騒音作業の内容、聴覚保護具の使用状況、自他覚症状等を参考にするとともに、さらに、生理的加齢変化、すなわち加齢性難聴の影響を考慮する必要がある。

(8)　健康診断結果の報告

健康診断の結果報告については、「指導勧奨による特殊健康診断結果報告書

表２　聴力レベルに基づく管理区分

<table>
<tr><th colspan="2">聴力レベル</th><th rowspan="2">区分</th><th rowspan="2">措置</th></tr>
<tr><th>高音域</th><th>会話音域</th></tr>
<tr><td>30dB未満</td><td rowspan="2">30dB未満</td><td>健常者</td><td>一般的聴覚管理</td></tr>
<tr><td>30dB以上
50dB未満</td><td>要観察者（前駆期の症状が認められる者）</td><td rowspan="2">第Ⅱ管理区分に区分された場所又は等価騒音レベルが85dB以上90dB未満である場所においても聴覚保護具を使用させることその他必要な措置</td></tr>
<tr><td rowspan="2">50dB以上</td><td>40dB未満</td><td>要観察者（軽度の聴力低下が認められる者）</td></tr>
<tr><td>40dB以上</td><td>要管理者（中等度以上の聴力低下が認められる者）</td><td>聴覚保護具の使用、騒音作業時間の短縮、配置転換その他必要な措置</td></tr>
</table>

備考１　高音域の聴力レベルは、4,000ヘルツ及び6,000ヘルツについての聴力レベルのうち、聴力低下がより進行している周波数の値を採用する。

２　会話音域の聴力レベルは、３分法平均聴力レベルによる。

様式」を用いる。

本報告書の第一次健康診断欄の受診者数には本ガイドラインに基づく定期健康診断の受診者数を、有所見者数には二次検査（選別聴力検査を省略した場合を含む。）の有所見者数を記入し、第二次健康診断欄及び健康管理区分欄は空欄とする。

6 「9　労働衛生教育」について

(1)　管理者に対する労働衛生教育

ア　教育の講師は、既に選任されている管理者、労働衛生コンサルタント等、騒音についての知識並びに騒音対策の実務についての知識及び経験を有する者とする。

イ　教育は、本ガイドラインに示された科目ごとに、表3に掲げる範囲及び時間で実施する。

(2)　騒音作業に常時従事する労働者に対する労働衛生教育

ア　教育の講師は、当該作業場の管理者、衛生管理者、安全衛生推進者、ライン管理者、職長等、騒音についての知識を有する者とする。

イ　科目のうち、「騒音の人体に及ぼす影響」の範囲は、影響の種類、聴力障害、「聴覚保護具の使用」の範囲は、聴覚保護具の種類及び性能、聴覚保護具の使用方法及び管理方法とする。

ウ　時間は表3の該当科目の時間を目安とするが、短縮しても差し支えない。

表3　騒音障害防止対策の管理者に対する労働衛生教育

科　目	範　囲	時　間
1　騒音の人体に及ぼす影響	(1) 影響の種類 (2) 聴力障害	30分
2　適正な作業環境の確保と維持管理	(1) 騒音の測定と作業環境の評価 (2) 騒音発生源対策 (3) 騒音伝ぱ経路対策 (4) 改善事例	80分
3　聴覚保護具の使用及び作業方法の改善	(1) 聴覚保護具の種類及び性能 (2) 聴覚保護具の使用方法及び管理方法 (3) 作業方法の改善	40分
4　関係法令等	騒音作業に係る労働衛生関係法令及び本ガイドライン	30分

（計3時間）

参　考

参考１：騒音健康診断について

騒音健康診断は、事業者が騒音作業従事者に対して実施するものであるが、医療機関や健康診断実施機関に委託して実施することが多い。そのため、事業者は、騒音健康診断の実務そのものに習熟する必要はないが、対象者の選定、騒音健康診断結果の対象労働者への通知、必要な事後措置、労働基準監督署への騒音健康診断実施報告等を理解しておく必要がある。また、騒音健康診断の結果（聴力低下の初期症状など）は、事業場における作業環境管理、作業管理や、労働衛生教育等に反映されなければならない。

ここでは、騒音健康診断について、

1．事業者にとっての騒音健康診断

2．騒音健康診断の受託者が知っておくべき技術的事項（1．に加えて）

3．労働災害事例（騒音性難聴の症例）

に分けて紹介する。

1　事業者にとっての騒音健康診断

（1）労働衛生管理における健康管理

騒音性難聴は、現代の医療をもってしても治すことができない疾病であるが、原因は騒音のばく露であることが明らかであるため、予防が可能である。騒音は、必要な業務に派生して発生することが多いが、騒音ばく露を適切に管理することによって、発症を予防することも、発症が判明した後にも進行を予防することもできる。

騒音性難聴は、負傷のように外部からは見えない障害である上に、徐々に進行するために、症状が悪化するまで労働者本人も自覚がないことも多い。このため、事業者が健康管理を適切に行って労働者の聴力を正確に把握することによって初めて、聴力低下の兆候に早く気付き、効果的な対策につなげることができる。

ひとたび聴力低下がみられた場合は、事業者において、騒音の発生や伝ぱを抑制する作業環境管理や、労働者への騒音ばく露を管理的に抑制する作業管理を行うことが重要である。

(2) 騒音健康診断

騒音障害防止のためのガイドライン（以下、「ガイドライン」という）に示されている騒音健康診断は、騒音作業従事者を対象とする通達に基づく特殊健康診断であり、健康診断実施結果は、所定様式により労働基準監督署に報告することとされている。

① 雇入時等健康診断

騒音作業に常時従事する労働者を新たに雇い入れ、または騒音作業に配置転換するときは、雇入時等健康診断を実施する。対象は、ガイドライン別表第1および別表第2に示された屋内作業場、屋外作業場および坑内の作業場で騒音作業に従事する労働者である。ここで、「騒音作業」とは、プレス機器の操作者など、騒音を発する作業を行っている労働者だけでなく、補助員や製品検査者など、その作業場で行われる全ての作業を指すものであり、その作業場にいるよう指示されている労働者全てが対象であることに留意する必要がある。建設工事現場など屋外作業場については、作業場は、その敷地全体ではなく、第2章で述べたように、手持動力工具についてはその近傍、車両系建設機械などについては騒音レベルの推計により85 dB以上となる可能性が高い範囲を事業者が定めることとなる。

また、ガイドライン別表第1および別表第2に掲げられていなくても、同様の作業はもちろん、等価騒音レベルが85 dB以上と考えられるその他の作業についても、対象とすべきである。

雇入時等健康診断は、将来にわたる聴覚管理の基準として活用される重要な意味を持つことから、次のように、定期健康診断の選別聴力検査に代えて、250 Hzから8,000 Hzまでの気導純音聴力検査を含む詳しい検査項目となっている。

ア 既往歴・業務歴の調査

難聴は、騒音以外の原因で発症することもあり、雇入時や騒音作業に配置された時点ですでに聴力低下があったのかどうかは、後に騒音性難聴が発症した際に問題となる。特に、短期間の就労などを含め、過去に騒音作業に従事していた経歴について把握する必要がある。また、雇入れ時等以前に、すでに中耳炎後遺症、頭頸部外傷後遺症、メニエール病、耳毒性物質（耳に悪影響を及ぼす毒物）の使用、突発性難聴等で聴力が低下している者、日常生活においてヘッドホン等による音楽鑑賞を行うことにより聴力障害の兆候を示す者については、あらかじめ把握し、次に述べる気導純音聴力検査により、周波数ごとの閾値（しきい）（聞こえる限界）を把握し、分析することが重要である。

イ　自他覚症状の有無の検査

難聴や耳鳴りの強さあるいはそれに伴う生活上の支障は本人にしか分からない。中には、症状が変動する疾患もある。将来、労働者の耳に異常が生じた際に、その症状が騒音によって生じたものかを判断するために、雇入れ時等の症状の有無および内容を把握しておく必要がある。

ウ　オージオメータによる気導純音聴力検査

聴力を評価する最も基本的な検査である。検査により、その人が、低音から高音までのさまざまな周波数の音に対し、それぞれの耳でどの程度の大きさの（小さい）音まで聴き取ることができるかを、１枚の聴力図（図１）に表すことができる。改訂されたガイドラインにおいては、従来の周波数に追加して6,000 Hzも測定することとなった。騒音性難聴の初期の聴力低下を見逃さずに早期発見するためである。気導純音聴力検査を行う機器には、標準で備わっている機能であり、測定機器の変更が必要なものではない。

エ　その他必要とする検査

通常の騒音健康診断においてさらなる詳しい検査を求められるものではな

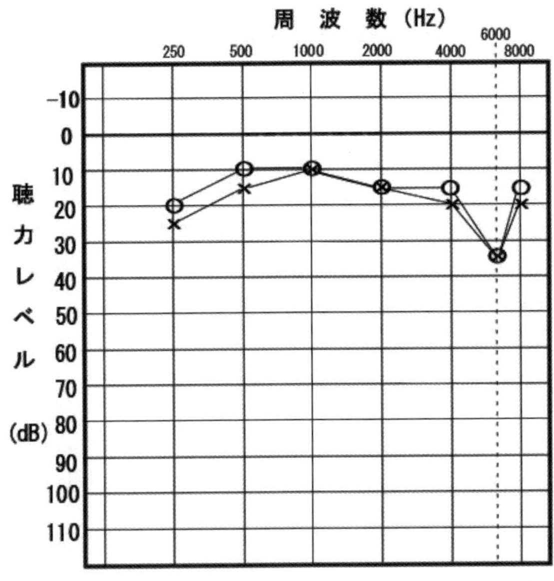

▶図1　6,000 Hzに限局した騒音性難聴と判断された症例

く、上に示した検査により何らかの訴えや所見が認められたときに、隠れているその他の耳疾患の疑いが判明することがあり、別途、必要な診察と検査につながることがある。

② 定期騒音健康診断

6ヵ月以内ごとに1回、定期に、騒音健康診断を行うこととされている。騒音作業に従事する労働者以外に対して年1回の実施が求められている一般定期健康診断において行われる聴力検査とは別である。

ア 既往歴・業務歴の調査

事業者が把握しきれない6ヵ月以内の騒音ばく露について、聴き取り把握することが期待される。聴覚保護具の適切な使用がなされているかどうかの確認も行われる。業務上以外の何らかの耳疾患があれば、ここで把握される。

イ 自他覚症状の有無の検査

雇入時等騒音健康診断と同様である。

ウ オージオメータによる選別聴力検査

選別聴力検査は、一定の大きさの音が聞き取れるかどうかの確認、スクリーニングである。測定周波数は、従来どおり1,000 Hz（会話音域）と4,000 Hz（高音域）の2つであるが、4,000 Hzについては、音の大きさが変わり、従来の40 dBから30 dBと25 dBとより小さい大きさの音により行われることとなった。所見の有無は30 dBで判定され、25 dBは参考値である。

30 dBの音で異常所見が出た者については、スクリーニングの状態で放置してはならず、必ず二次検査を実施して健康管理区分を確定させる必要がある。

より小さい音でスクリーニング判定されることから、二次検査が必要な対象者は一時的に増加するものの、健康管理区分の判定基準が変更されるわけではない。前回の定期騒音健康診断において異常所見が出た者については、原則として、選別聴力検査を実施せず、二次検査を直接行うこととしてよい旨、ガイドラインに明記されている。

なお、二次検査における聴力検査は、気導純音聴力検査であり、雇入時等健康診断において実施するものと同じである。

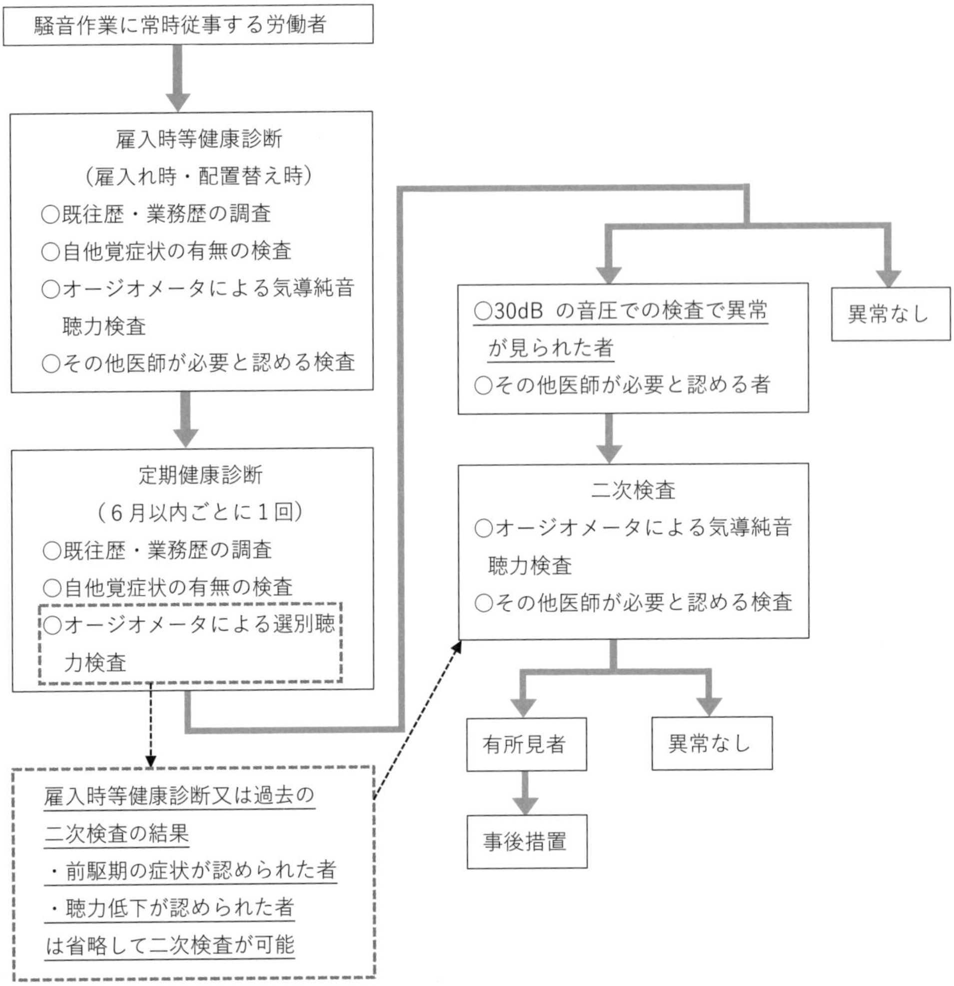

▶図2　騒音健康診断における健康管理の体系

出典：厚生労働省「騒音障害防止のためのガイドライン」

（3）騒音健康診断結果の評価

耳科的知識を有する産業医や耳鼻咽喉科専門医が行うこととされている騒音健康診断結果の評価および健康管理上の指導の概要は、次のとおりである。

なお、日本耳鼻咽喉科頭頸部外科学会が認定する騒音性難聴担当医は、耳科学と産業医学の両方の専門的知識を有する医師であり、同学会のホームページに名簿が公開されているので、活用するとよい。

① 3分法平均聴力レベルの算定

会話音域の聴き取り能力の程度を把握する観点から、次の式により3分法平均聴力レベルを求めて記載する。

3文法平均聴力レベル ＝（A+B+C）× 1/3

A：500 Hz の聴力レベル

B：1,000 Hz の聴力レベル

C：2,000 Hz の聴力レベル

② 健康管理区分の決定

定期騒音健康診断の結果、30 dB の音圧での検査で異常が見られなかった者を除き、次のとおり健康管理区分を決定する（表1）。決定した管理区分は、騒音健康診断個人票に記載するが、労働基準監督署への報告は求められていない。

なお、健康管理区分は、聴力検査結果により定める区分であり、もっぱら労働衛生上の管理を行うために使用する。聴力低下の原因が作業環境の騒音によるものか否か、障害がどの程度か、障害の進行が著明であるかどうか等を別途判断する必要がある。

▶表1　聴力レベルに基づく健康管理区分

会話音域／高音域	30 dB 未満	30 dB 以上 40 dB 未満	40 dB 以上
30 dB 未満	管理 A	管理 B	管理 C
30 dB 以上 50 dB 未満	管理 B	管理 B	管理 C
50 dB 以上	管理 B＊	管理 B＊	管理 C

出典：ガイドラインの表2をもとに整理したもの。

高音域の聴力レベルは、4,000 及び 6,000 Hz についての聴力レベルのうち、聴力低下がより進行している周波数の値を採用する。

管理 A：異常なし（聴力に異常所見が認められない）

管理 B：要観察（前駆期の症状／軽度の聴力低下が認められる）

＊高音域で 50 dB 以上と明らかな聴力低下がみられる者については、作業時間の短縮や配置転換等も含め会話音域の聴力低下を防止する措置が必要

管理 C：要管理（中等度以上の聴力低下が認められる）

管理 A ～ C は、特殊健康診断に共通する分類であるが、騒音健康診断においては、管理 B は全て管理 B2（一次健康診断のみで経過観察することはない）であることに留意。なお、管理 C は要治療を要管理と読み替える。

③ 健康診断結果に基づく事後措置

ガイドラインに従い、次の措置を講ずること。

ア　要観察者

・第Ⅱ管理区分に区分された場所または等価騒音レベルが 85 dB 以上 90 dB 未満である場所においても、聴覚保護具を使用させること。特に、騒音ばく露が継続すると聴力低下が進行するおそれがあることから、騒音作業に従事している間、聴覚保護具の正しい装着がされるよう指導する必要があること。

・その他必要な措置を講ずること。

イ　要管理者

・聴覚保護具を使用させること。特に、騒音ばく露は聴力のさらなる低下をもたらし、業務中の意思疎通や日常生活に支障を生ずることとなるため、騒音作業に従事している間、聴覚保護具の正しい装着がされるよう指導することはもちろん、その労働者に対する聴覚保護具のフィットテストを行う等により、騒音ばく露を可能な限り低減することが望ましい。

・騒音作業に従事する時間の短縮に努めること。騒音レベルは、音源からの距離の2乗に反比例することから、可能な限り音源からの距離を確保する時間を確保することも騒音ばく露の低減につながる。

・必要に応じ、騒音作業からの配置転換その他の措置を講ずること。

（4）健康診断結果の記録と報告

①　騒音健康診断個人票の作成と保存

騒音健康診断結果は、図3のような騒音健康診断個人票に記録し、5年間保存する。騒音性難聴が遅発性疾病であることを踏まえ、可能な限り長期間保存することが望ましい。

特殊検診（騒音）

騒音健康診断個人票

氏名	○○××		生年月日	平成4年 10月 1日	雇入年月日	令和元年 4月 1日
			性別	㊚・女		
検診年月日		令和4年8月1日	令和5年 2月 1日	年 月 日	年 月 日	年 月 日
年齢		29歳10月	30 歳 4 月	歳	歳	歳
業務の概要		鋳物の鋳造	同左			
騒音作業の種類 （ ）		鋳物の型込め（1-1） 型ばらし（2-39） 砂落とし（1-1）	同左			
騒音作業の状況	1日あたりの騒音作業時間	8時間	同左			
	1週間の騒音作業日数	5日	同左			
	聴覚保護具の使用状況	耳栓、構内で常時着用	同左			
業務歴		現在の業務 R2 自動車整備工 H26-28 タイヤ取り付け	同左			
既住歴	・中耳/内耳疾患	なし	なし			
	・薬物中毒	なし	なし			
	・頭部外傷	なし	なし			
自覚症状		なし	なし			
他覚症状		なし	なし			
選別聴力	右 1000Hz, 30dB	1所見なし 2所見あり	(1所見なし) 2所見あり	1所見なし 2所見あり	1所見なし 2所見あり	1所見なし 2所見あり
	4000Hz, 25dB	1所見なし 2所見あり	(1所見なし) 2所見あり	1所見なし 2所見あり	1所見なし 2所見あり	1所見なし 2所見あり
	4000Hz, 30dB	1所見なし 2所見あり	1所見なし 2所見あり	1所見なし 2所見あり	1所見なし 2所見あり	1所見なし 2所見あり
	左 1000Hz, 30dB	1所見なし 2所見あり	(1所見なし) 2所見あり	1所見なし 2所見あり	1所見なし 2所見あり	1所見なし 2所見あり
	4000Hz, 25dB	1所見なし 2所見あり	(1所見なし) 2所見あり	1所見なし 2所見あり	1所見なし 2所見あり	1所見なし 2所見あり
	4000Hz, 30dB	1所見なし 2所見あり	1所見なし 2所見あり	1所見なし 2所見あり	1所見なし 2所見あり	1所見なし 2所見あり
気導純音	・会話音域（$C_2+C_3+C_4$）/3	右 0dB 左 0dB	右 dB 左 dB	右 dB 左 dB	右 dB 左 dB	右 dB 左 dB
	・高音域 4000Hz	右 0dB 左 0dB	右 dB 左 dB	右 dB 左 dB	右 dB 左 dB	右 dB 左 dB
	・高音域 6000Hz	右 5dB 左 0dB	右 dB 左 dB	右 dB 左 dB	右 dB 左 dB	右 dB 左 dB
	オージオグラム	検査成績添付	―			
医師の診断		所見なし	所見なし			
健康管理区分		A	―			
	健康診断を実施した医師	○○	○○			
産業医等の意見		異常なし	異常なし			
	意見を述べた産業医等	××	××			

▶図３　騒音健康診断個人票

② 騒音健康診断結果の報告

指導勧奨による特殊健康診断結果報告書の様式は、厚生労働省ホームページからダウンロードできる。

 騒音健康診断の受託者（医師その他の健康診断実施者、健康診断実施機関）が知っておくべき技術的事項

（1）聴力検査の担当者

機器を用いる聴力検査は、原則として、言語聴覚士法第42条第1項の行為に該当し、医師のほか、医師の指示のもとに、保健師、看護師、言語聴覚士等の有資格者が行う必要がある。

機器を用いる聴力検査のうち、選別聴力検査は、気導により行われる定性的な検査に該当し、周波数1,000 Hzで30 dBのもの、周波数4,000 Hzで25 dB、30 dBおよび40 dBのものについては、例外とされている（言語聴覚士法施行規則第22条第1号）。健康診断実施機関において、前述の有資格者以外が選別聴力検査を担当する場合は、研修実施機関等が実施する選別聴力検査の実務に関する研修を受講するなどにより、選別聴力検査の操作に習熟することが期待される。

（2）騒音健康診断項目の変更

①　雇入時等健康診断における気導純音聴力検査

改訂されたガイドラインにおいては、従来からの250、500、1,000、2,000、4,000、8,000 Hzの周波数に加えて、6,000 Hzについても測定することとされている。騒音性難聴では、聴力低下の初期症状として、4,000 Hz付近にC^5 dipが現れるものとされているが、実際には、4,000 Hzに聴力低下がみられない段階でも、6,000 Hzにおいて聴力低下がみられる症例が出ていることから、騒音性難聴の早期発見のために導入されたものである。

②　選別聴力検査における高音域の音圧レベル

従来は、高音域4,000 Hzの周波数における選別聴力検査は、40 dBの音圧レベルについて行うこととされていたが、高音域における聴力低下の判断基準が30 dBである以上、スクリーニングを40 dBで行うことにより、相当数の対象者がその判断基準によることなく一次検査にて異常なしとされ、結果として騒音性難聴の初期の兆候が見逃されてしまう問題があった。今般のガイドライン改訂により、4,000 Hzの周波数については、25 dBおよび30 dBの音圧で実施し、30 dBの音圧で聴力低下を判断することとなったことにより、一次検査における構造的な不備が解消され

た。健診実務の上では、25 dB の音圧レベルにより測定し異常がなければ、それより大きい 30 dB の音圧レベルで測定する必要はない。

また、25 dB の音圧レベルにおける測定の結果は参考にとどめ、30 dB の結果により二次検査が必要かどうかを判断することとしてよい。

これらの音圧レベルによる測定は、汎用のポータブル型の聴力検査機器においても標準設定となっており、今般の変更により聴力検査機器の更新等は必要ないと考えられる。

（3）一般定期健康診断における聴力検査との調整

騒音作業従事者以外に対しても実施される一般定期健康診断の聴力検査においては、通常、1,000 Hz の周波数で 30 dB、4,000 Hz の周波数で 40 dB の音圧レベルで実施されており、騒音作業従事者に対する聴力検査のうち年 1 回についてはこの結果をもって代用してきた経緯があるが、騒音作業従事者については、ガイドライン改訂に伴い、一般定期健康診断とは別に、（2）に示す周波数および音圧レベルについての聴力検査が必要となった。

騒音健康診断における選別聴力検査で聴力に異常がない（二次検査が必要ない）限りにおいて、その結果を流用し、一般定期健康診断の聴力検査で異常なしとみなすことは差し支えない。

3 労働災害事例（騒音性難聴の症例）

（1）症例 1

45 歳、男性。数年前から両側の高音性耳鳴りに気付いた。夜、周囲が静かになると耳鳴りが気になって眠れないことがあった。聴力に関して、これまで日常会話で支障を感じたことはない。

騒音業務に 20 年従事しており、耳栓はできるだけ使っているが、短時間で済む用事であれば、耳栓をせずに騒音作業場に出ることが珍しくない。半年ごとの選別聴力検査は受けていたが、これまでは異常なしと言われていた。

選別聴力検査では 1,000 Hz、4,000 Hz ともに 30 dB の検査音で所見はみられなかったが、騒音のばく露歴があり、自覚症状（耳鳴り）があることから医師が必要と判断し、二次検査へ進んだ。気導純音聴力検査では図４のように、6,000 Hz のみの難聴が認められ、騒音性難聴の診断となった。健康管理区分では高音域に前駆期の所見が認められ、要観察者と判断された。

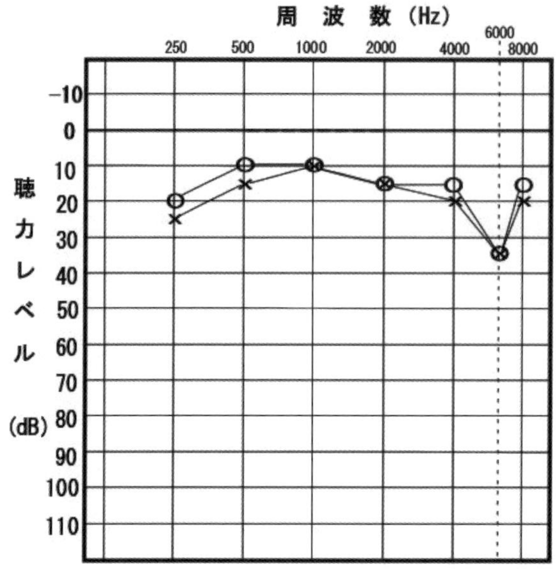

▶図４　症例１　6,000 Hz に限局した騒音性難聴と判断された

事後措置として、当該部署が等価騒音レベル 87 dB の第Ⅱ管理区分であったため、作業者に、作業時間の最初から最後まで通して有効な聴覚保護具を使用させるよう、事業場に強く指導することとした。

（解説）会話に支障がなくても騒音性難聴を否定はできない。耳鳴りが全て病的と考える必要はないが、訴えがあるときには、医師の判断の下二次検査で評価することが望ましい。短時間であれば聴覚保護具を使わずに作業することが常態化しており、改善が必要と考えられた。今後の進行を予防するため、事後措置として聴覚保護具の適切な使用を教育、実践することとなった。

（２）症例２

63 歳、男性。9 カ月前、ハンマーを用いて金属を叩き、曲がりを直す作業後に強い難聴、耳鳴りを自覚した。その作業の 3 カ月前から現在の職場で働き始めていた。以前は別の会社で騒音作業に従事しており難聴の自覚もあったが、騒音特殊健康診断は受けていなかった。現在の職場でも騒音作業に従事しているが、中途採用であり雇入れ時の気導純音聴力検査は行われていなかった。

耳鼻咽喉科を受診し、音響外傷として治療を受け、多少改善したが、以前よりも強い難聴、耳鳴りが残った。聴力は固定と判断され、その後実施された気導純音聴力検査では図５のような結果であった。健康管理区分では要管理者と判断された。

事後措置として、まず、始業から終業まで聴覚保護具使用を徹底することとした。産業医は、産業保健総合支援センターを介して騒音性難聴担当医に相談し、特に大きな音にさらされるハンマー作業には従事させないこととして一部就業を制限することを提案し、本人ならびに事業者が同意した。

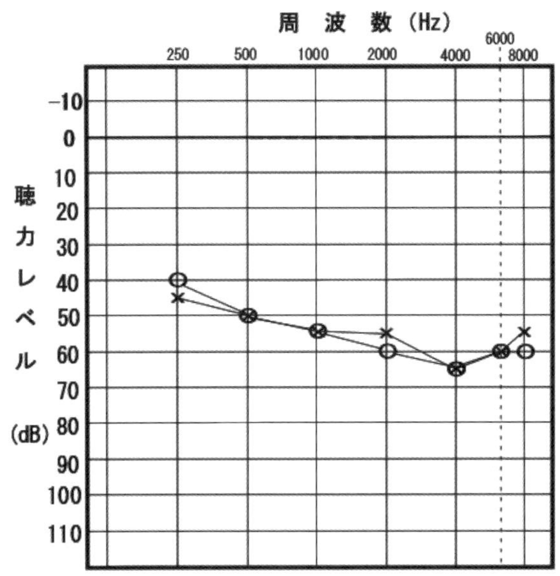

▶図5　症例２　以前からの騒音性難聴に音響外傷が加わった状態と考えられた

（解説）今回のエピソード以前から、騒音性難聴が生じていた可能性が高い。しかし、雇入れ時の気導純音聴力検査が行われていないために結論は出せない。雇入れ時の聴力検査は大変重要である。音響外傷による急性の悪化の部分は治療によって改善する可能性があるが、騒音性難聴の部分は治らない。日常生活が不自由な聴力になってきており、一部就業制限が必要と判断された。就業制限の判断には、産業保健総合支援センターならびに騒音性難聴担当医のアドバイスが有効であった。

参考２：騒音測定器の種類・選択と管理について

以下は、作業環境測定および個人ばく露測定の測定者向けの技術的な補足事項である。

騒音の測定は、①作業環境測定（A 測定および B 測定）に関しては、「作業環境測定基準」（昭和 51 年労働省告示第 46 号）第 4 条を基本とするガイドライン別紙１、②個人ばく露測定に関しては、ガイドライン別紙３に基づき行われることとなる。

作業環境測定および個人ばく露測定に用いる機器に関し、整理すると次のようになる。

（１）作業環境測定に用いる機器

作業環境測定基準第 4 条では、作業環境測定に用いる機器（騒音計）について、

・等価騒音レベルを測定できるものであること。

・騒音計の周波数補正回路の A 特性で行うこと。

と規定されている。

また、同告示の関連通達（平成 21 年 3 月 31 日付け基発第 0331024 号）において、次のような補足説明がある。なお、ここにある JIS の旧規格 C 1502 および 1505 については平成 17 年３月に廃止となっている。

・「等価騒音レベルを測定できるもの」としては、JIS C 1509-1 ならびに旧規格 C 1502 および 1505 に定める規格に適合する機器ならびにこれらと同等以上の性能を有する機器が該当するものであること。

（２）個人ばく露測定に用いる機器

今回のガイドライン別紙３「個人ばく露測定方法による等価騒音レベルの測定」では、個人ばく露測定に用いる測定機器について、

・等価騒音レベルを測定できる必要がある。

・JIS C 1509-1 または IEC 61252 に規定する精度を満たすものであること。

と書かれている。

ガイドライン別紙３の作成時の参考とした日本産業衛生学会「許容濃度等の勧

告」においても、個人ばく露測定に用いる機器について同様の記載がある。

騒音測定が円滑に行えるよう、以下では騒音測定器の種類・選択および管理について解説する。

1 騒音測定器の種類および管理に関する解説

騒音測定器にはサウンドレベルメータ（騒音計）と個人騒音ばく露計の２種類があり、JISとIECにおいて規定がある。

これらのうち、所定の規格を満たすサウンドレベルメータ（騒音計）は、作業環境測定にも個人ばく露測定にも使用可能である。

（１）測定器の種類

・サウンドレベルメータ（騒音計）

サウンドレベルメータ（騒音計）にはJISおよび国際規格がある。

- JIS C 1509-1:2017　電気音響－サウンドレベルメータ（騒音計）－第１部：仕様
- IEC 61672-1:2013 Electroacoustics – Sound level meters - Part 1: Specifications

作業環境測定または個人ばく露測定には、JIS C 1509-1の要求事項を満たすサウンドレベルメータ（騒音計）を使用することが適当である。クラス１の使用が望ましいが、クラス２を用いてもよい。

・個人騒音ばく露計

個人騒音ばく露計にはJIS C 1509-1を満たすものがある。

また、個人騒音ばく露計の規格として、JISはないが国際規格はある。

- IEC 61252:1993/AMD2:2017 Electroacoustics -Electroacoustics - Specifications for personal sound exposure meters

よって、個人騒音ばく露測定には、JIS C 1509-1またはIEC 61252の要求事項を満たす個人ばく露計を使用することが適当である。

・サウンドレベルメータ（騒音計）と個人騒音ばく露計には、自由音場型と拡散音場型がある。通常は自由音場型を用いる。空間が狭く、部屋の残響が大きい場合は拡散音場型でもよい。

(2) 測定量と測定器の選択

作業環境測定および個人騒音ばく露においては等価騒音レベルを測定するので、L_{Aeq}（等価騒音レベル）を測定できる測定器を用いることが必要である。

サウンドレベルメータ（騒音計）には以下の3種類が規定されている。

- 時間重み付き、周波数重み付きサウンドレベルを測定する「時間重み付けサウンドレベルメータ」
- 時間平均、周波数重み付きサウンドレベルを測定する「積分平均サウンドレベルメータ」
- 周波数重み付き音響ばく露レベルを測定する「積分サウンドレベルメータ」

L_{Aeq}を測定する機能を有するのは、「積分平均サウンドレベルメータ」である。なお、サウンドレベルメータによっては複数の測定機能を有するものがあるので、機器の仕様を確認することが必要である。

また、個人騒音ばく露計には種類はないが、L_{Aeq}が測定できるものを選択する必要がある。

2　騒音測定器の管理

(1) ウインドスクリーンについて

計測器には製造業者が指定するウインドスクリーンを装着して測定を行う。ウインドスクリーンは、風雑音を低減するほか、マイクロホンを保護する役割も果たす。また、ウインドスクリーンは消耗品のため、劣化した場合には新しいウインドスクリーンに交換する。

(2) 測定器の校正について

サウンドレベルメータも個人騒音ばく露計も、使用の前後には音響校正器にて校正を行う必要がある。音響校正器は、JIS C 1515の要求事項を満たし、騒音測定器の製造業者が指定するものを用いる。

使用の直前直後に校正するのが望ましいが、現場において校正するのは容易でないことがある。その場合は、事務所内など手元が安定する場所にて校正を行ってもよい。その場合、校正してから計測器を装着するまでの運搬時において、計測器に過度な振動や衝撃が加わらないように留意することが必要である。

(3) 測定器の管理について

騒音測定器および音響校正器は、定期的に点検校正するなど適切に管理する必要がある。特に音響校正器については、測定値に対する信頼性を担保するため、計量校正事業者登録制度（JCSS）など国家標準にトレーサブルな校正を行うことが必要である。国際規格であるISO 1996-2などにおいては、サウンドレベルメータは2年に一度、音響校正器は1年に一度校正するのが望ましいとしている。

また、環境省が発行する「騒音に係る環境基準の評価マニュアル」においては、3年を超えない周期で音響校正機器を校正すべきとの記述がある。

なお、計量法に基づく計量証明事業者が騒音の測定（計量証明）を行う場合には、同法に基づく検定に合格（有効期間5年）した測定器を使用する必要がある。

音響校正器については、環境省「騒音に係る環境基準の評価マニュアル」（平成27年10月）を参照のこと。

https://www.env.go.jp/air/noise/manual/index.html

参考３：騒音の許容基準

1　騒音の許容基準

（出典：日本産業衛生学会『Ⅵ.騒音の許容基準』許容濃度等の勧告（2022年度）『産業衛生学雑誌』2022年発行；64巻（5）：pp.273－274）

（1）許容基準

常習的な曝露に対する騒音の許容基準を、聴力保護の立場から次のように定める。

a）図１あるいは表１に示す値を許容基準とする。この基準以下であれば、１日８時間以内の曝露が常習的に10年以上続いた場合にも、騒音性永久閾値移動（NIPTS：noise-induced permanent threshold shift）を1kHz以下の周波数で10dB以下、2kHzで15dB以下、3kHz以上の周波数で20dB以下にとどめることが期待できる。

b）騒音レベル（A特性音圧レベル）による許容基準

この許容基準では騒音の周波数分析を行うことを原則とするが、騒音計のA特性で測定した値を用いる場合には、表２に示す値を許容基準とする。ただし、１日の曝露時間が８時間を超える場合の許容騒音レベルは、２交替制等によって、１日の曝露時間がやむを得ず８時間を超える場合の参考値である。

（2）適用

広帯域騒音および狭帯域騒音（帯域幅が1/3オクターブ以下の騒音）に対して適用する。ただし、純音は狭帯域騒音とみなして暫定的にこの基準を適用する。また、衝撃騒音に対しては除外する。

表１　騒音の許容基準

中心周波数（Hz）	各曝露時間に対する許容オクターブバンドレベル（dB）					
	480分	240分	120分	60分	40分	30分
250	98	102	108	117	120	120
500	92	95	99	105	112	117
1,000	86	88	91	95	99	103
2,000	83	84	85	88	90	92
3,000	82	83	84	86	88	90
4,000	82	83	85	87	89	91
8,000	87	89	92	97	101	105

表２　騒音レベル（A特性音圧レベル）による許容基準

１日の曝露時間 時間－分	許容騒音レベル dB	１日の曝露時間 時間－分	許容騒音レベル dB
24－00	80	2－00	91
20－09	81	1－35	92
16－00	82	1－15	93
12－41	83	1－00	94
10－04	84	0－47	95
8－00	85	0－37	96
6－20	86	0－30	97
5－02	87	0－23	98
4－00	88	0－18	99
3－10	89	0－15	100
2－30	90		

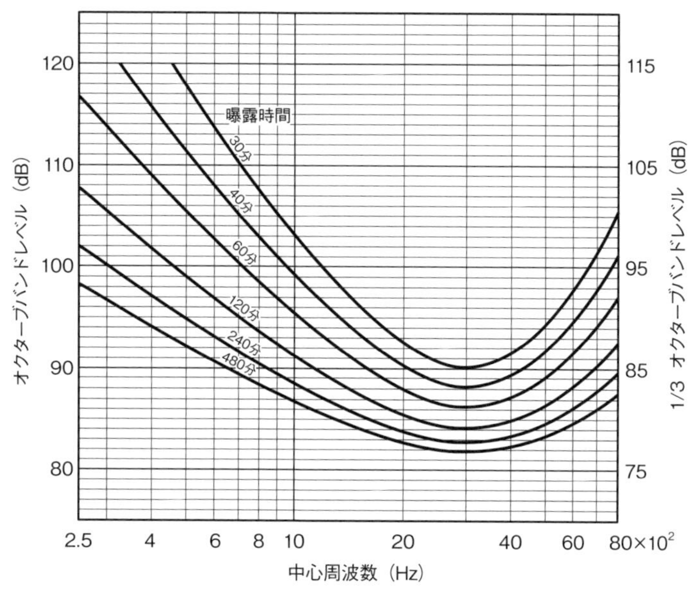

図1　騒音の許容基準

a）1日の曝露が連続的に行われる場合には、各曝露時間に対して与えられている図1あるいは表1の数値を用いる。
b）1日の曝露が断続的に行われる場合には、騒音の実効休止時間を除いた曝露時間の合計を連続曝露の場合と等価な曝露時間とみなして、図1あるいは表1の数値を用いる。ただし、実効休止時間とは騒音レベルが80 dB未満にとどまっている時間をいう。
c）対象としている騒音をオクターブバンドフィルターを用いて分析した場合には、図1の左側の縦軸あるいは表1の値を用い、1/3オクターブあるいはより狭い帯域幅をもつフィルターで分析した場合には、図1の右側の縦軸あるいは表1の値から5を引いた値を用いる。

（3）測定方法

等価騒音レベルを測定する。「JIS Z8731-1999 環境騒音の表示・測定方法」により、「JIS C1509-1-2005 電気音響—サウンドレベルメータ（騒音計）」の規格に適合した騒音計を用いる。あるいは「IEC 61252 Ed.1.1 2002-03」や「ANSI S1.25-1991」の規格に適合した個人騒音曝露計を用いてもよい。

（4）提案年度

1969年。騒音レベル（A特性音圧レベル）による許容基準については1982年。

騒音障害防止テキスト編集委員会
委員名簿

（50 音順・敬称略）

○委員

井上　仁郎　　井上音響リサーチ 代表
（元・産業医科大学産業生態科学研究所 准教授）

國谷　勲　　日本聴力保護研究会 / 公益社団法人日本保安用品協会
（スリーエム ジャパン イノベーション株式会社
安全衛生製品技術部 部長）

構　健一　　中央労働災害防止協会 労働衛生調査分析センター 副所長

○執筆者

井上　仁郎　　井上音響リサーチ 代表
大屋　正晴　　リオン株式会社 執行役員
國谷　勲　　日本聴力保護研究会 / 公益社団法人日本保安用品協会
和田　哲郎　　筑波大学医学医療系耳鼻咽喉科 病院教授
中央労働災害防止協会　労働衛生調査分析センター　少

厚生労働省ガイドラインに基づく
騒音障害防止のために－管理者教育用テキスト－

令和５年９月８日　第１版第１刷発行
令和６年９月20日　　　　第３刷発行

編　　者　中央労働災害防止協会
発 行 者　平山　剛
発 行 所　中央労働災害防止協会
〒108-0023
東京都港区芝浦３-17-12吾妻ビル９階
電話　販売　03(3452)6401
　　　編集　03(3452)6209
デザイン　長嶋亜希子
イラスト　萩原まお
印刷・製本　一誠堂株式会社

落丁・乱丁本はお取り替えいたします。

ISBN978-4-8059-2087-9　C3060
中災防ホームページ　https://www.jisha.or.jp/

『厚生労働省ガイドラインに基づく
騒音障害防止のために　管理者教育用テキスト』の訂正について

『厚生労働省ガイドラインに基づく　騒音障害防止のために　管理者教育用テキスト』（第１版）に誤りがありました。正しくは以下のとおりです。お詫びして訂正いたします。

p 37
上から６行目

（誤）…大きいほうの値に１を加算し、
（正）…大きいほうの値に**３**を加算し、

令和６年３月
中央労働災害防止協会